U0070613

九宮姓名學密碼

湘茹——著

目錄

淺談九宮數

　　要讓自己去掌握命運，而不是完全任由命運來支配，後天不斷的努力，就是平衡先天缺點的良方。

　　九宮數是由後天八卦而來，宇宙內變化和運用的法則全部都在這裡。「數」在《易經》裡是很奇妙的，人們在遇到不如意的事情之後，常常也會認為有些事的發生是有定數的；中國文化講求歸納法，把很多公式與方法，一個個慢慢的歸納起來，最後只歸納成十個數字，而且方法非常簡單，只是加減，而加減、陰陽都是哲學觀念，宇宙的萬物，不是增加就是減少，沒有第三個現象。

基本概念

五行：木、火、土、金、水

◎數字：1、2＝木，3、4＝火，5、6＝土，7、8＝金，9、0＝水。

◎特性：陽木有生發、向上之意；陰木有可塑性。

◎奇數爲陽「＋」是有生命力的：1、3、5、7、9。

◎偶數爲陰「—」是無生命力的：2、4、6、8、0。

◎顏色：木【綠】、火【紅】、土【黃】、金【白】、水【藍、黑】。

◎方向：木（東）、火（南）、土（中央）、金（西）、水（北）。

◎五常：木「仁」、火「禮」、土「信」、金「義」、水「智」。

◎生型與剋型本身並無好或不好之分。

◎相生：金➜水「轉移」、水➜木「滋養」、木➜火「傳承」、火➜土「給予」、土➜金「再生」。

◎相剋：金➜木「改造」、木➜土「結合」、水➜火「破壞」、土➜水「配合」、火➜金「美化」。

較容易弄錯與要注意的部首：繁體字（以康熙字典為主）

「氵」水部：4劃；如津，10劃。

「忄」心部：4劃；如情，12劃。

「戈」戈部：4劃；如成，7劃。

「艹」草部：6劃；如花，10劃、英，11劃、蓬及蓮均17劃。

「辶」辵部：7劃；如進，15劃、通，14劃、運，16劃。

「韋」韋部：9劃；如偉，11劃。

「阝」（左）阜部：8劃；如阮，12劃、陳、陸及陶，16劃、隆，17劃。

「阝」（右）邑部：7劃；如邱、邰，12劃、郭，15劃、鄭，19劃。

「王」玉部：5劃；如瑜，14劃、琴，13劃、璇，16劃。

◎天格看【頭腦】：父母或父母身體、長輩、師長、長官（老闆）、股東、丈夫、岳父母或岳父母身體、田宅、公司、工廠、事業、看配偶的工作及運程。

◎人格看【心態】：身體狀況（胸部、心臟）、自己、耕種、意志、興趣、表現、思想、氣質、才華、財氣、人際關係、夫妻感情深淺濃淡。

◎地格看【內在】：環境、下屬（部屬）、僕人、鄰居、親友、婚姻相處關係、子女、兄弟姐妹、財庫。

◎外格看【遷移】：自己的外在、個性內向或外向、出外、朋友、貴人、他人、人際、環境、搬家、合夥、對手。

◎總格看【行動】：一生遇到的機會點、決策、事業、名譽、地位、行為、福祿、成果、貴人、財源。

◎【天格對人格】上半身五行：主掌「思想功能」、理智、制度化、也是給人第一眼的印象。

◎【人格對地格】下半身五行：主掌「行為功能」、動作、感覺、往來一陣子的印象、對婚姻的態度。

【→】剋型與【→】生型

◎看到兩個【→】剋型或【→】生型時：男性重點看「思想功能」、女性重點看「行為功能」。

◎男性 35 歲以前重「思想功能」，以後重「行為功能」。

◎女性 35 歲以前重「行為功能」，以後重「思想功能」

◎姓名中帶有二種命格的組合，較好且較具有互補作用，至於單一種命格，則較能發揮單一命格特性。

◎五行上陰陽有制時優點較為顯化，無制時缺點較為顯化。

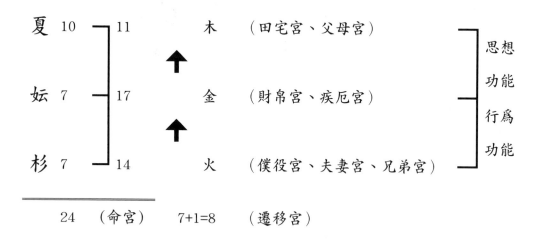

夏 10	11	木	（田宅宮、父母宮）	思想功能
妘 7	17	金	（財帛宮、疾厄宮）	行為功能
杉 7	14	火	（僕役宮、夫妻宮、兄弟宮）	

24　（命宮）　　7+1=8　（遷移宮）

◎九宮姓名學：論 3 歲定性格，6 歲定型，10 歲定命。

◎冠夫姓，姓不論，除非冠夫姓 30 年以上才可參看，10 歲後改名亦同。

◎九宮數的「宮」是指位置，方位之意。

◎九宮共有五種組合，能變化出相當多的組合，同樣特性在
「思想功能」與「行為功能」位置不同，個性就有所不同。

特性表現的比例

剋型【➡】顯性、平型【＝】中性、生型【➡】隱性、無天
格、無地格、一路平。

剋型（顯性）		平型（中性）		生型（隱性）	
100%		70%		50%	
金	➡ 木	＝	木	➡	火
木	➡ 土	＝	土	➡	金
土	➡ 水	＝	水	➡	木
水	➡ 火	＝	火	➡	土
火	➡ 金	＝	金	➡	水

Notes

命格的三段時期

一、革命時期

金【➡】木（蔣萬安）：開始突破、改革，辛勞是能力的表現。

二、太平時期初期

木【➡】土（蔡英文）：整合、規律、保守、穩定。

三、太平時期末期

土【➡】水（郭台銘）：享受、配合、安逸、自由。

四、淫亂時期初期

水【➡】火（柯文哲）：效忠、破壞、分裂、改變、創造利益、勇敢諫言。

五、淫亂時期末期

火【➡】金（李登輝）：協調、享受、樂天、憂患兩極化。

命格特質及優缺點

1-1 金剋木【金➡木】命格特質及優缺點

特質：改革派之命格（革命時期）

個性傾向： 主觀、剛毅、果斷、叛逆性比較強、不信邪（鐵齒）、自主力強、外粗內細、善於掌握別人、怕軟不怕硬。

動作力： 講求主動、積極、快速、準確、敏銳。

處事方法： 敢突破、要求嚴屬、講求實力（能力型）、能吃苦、具冒險性、複雜簡單化、比較敬業負責。

態度行為： 能屈能伸、弱時可接受別人、強則有反抗性、能軟能硬（不易對人心服）。

人格優點： 具第六感之特質、冷靜（有時顯得冷漠無情）、屬管理型的人格特質、有實力、比同齡人成熟。

人格缺點：　易得意忘形、自大、對自己相當有自信、有時過於主觀、誇大其辭、好高鶩遠、剛愎自用。

先天吉運：　長上、長輩緣佳（靠提拔）、貴人旺、常奇蹟似的絕處逢生。

事業專長：　軍、政、警、主管、管理、改革性產品（專利發明）、生產事業、技術性行業（美容、美髮）、加工業、工程類別。

人生觀：　傾向名利主義、掌握別人、自我操控。

　　純金剋木不論男女，在外表上給人第一眼印象是：嚴肅，不苟言笑的感覺，有主見，直覺敏銳，判斷力強，當機立斷，事情決定了就不後悔，不達目的絕不終止，主動積極，要求嚴屬，賞罰分明，趁勝追擊，工作狂，不講人情，臭屁，說一是一說二是二，時間到該作什麼就作什麼，敢衝敢作，一開始時不易心服別人。女性比較靜態、隱藏，但到關鍵時一樣會表現出以上的個性。金剋木之人對於不熟識的人，開始會有戒心，不太容易相信別人。

　　金剋木之人是唯一不注重他人學歷、年資的人，也只有他們才會去做別人不敢做的事。純金剋木之人不能用命令的方式，一定要用建議的方式，但建議必須在他決定事情之前。金剋木的小孩早熟、獨立，但小時候不要讓他過得太安逸，不然會比較無法發揮金剋木的領導特質，他們的獨立是自己很想要獨當一面（當老闆），什麼事都自己動手做，不喜歡假手他人。會與長上或下屬沒大沒小，所以不會太無情。

　　重視衣著，在衣著上不太敢時髦，模樣端正，有中國傳統想法，個性保守，會以靜制動，賺錢不太敢亂用，決定事情後不易更改，做人做事一言九鼎，男性容易有大男人主義。談戀愛時對自己喜歡的對象比較不敢表白，不論男女結婚後都不會輕易離婚，對子女的管教比較嚴厲。

1-2 木生火【木➔火】命格特質及優缺點

特質：好學（打天下型）

　　在求學時期，很喜歡閱讀課外書籍，出社會後常會覺得自己學問不夠，仍然會去追求新知，木生火之人讀書不是為了文憑，而是注重精神生活，好學卻不專精。好交友但不廣，打天

下型，愛求表現，自尊心很強，自信不服輸，常有燃燒自己去照亮別人的特質，非常熱心，可以眞心待人，但別人不一定會感激。不太會拒絕別人，有受人點滴報以泉湧的個性。

1-3 金剋木【金➡木】的內在心性

以自我爲中心，凡事大都以自己爲出發點，容易堅持己見、我行我素，也不太聽得進人言，相對不會爲他人著想，所以常讓別人看成是自私、主觀性很強的人。自制力強，遇事能冷靜面對，在任何方面都很主動，什麼事都自己做，親力親爲，凡事不假手他人，喜歡做主導。會把事情簡單化，討厭複雜繁瑣或囉唆，很能勇敢的表達自我內心的感受，同時也能面對自己，敢作敢當，對自己非常有自信，自信是件好事，但太過度時，是自重、是自大。有時會有自戀的傾向，偶爾也會有強烈的孤獨感，不太能與別人建立起長久且密切的關係，這點要注意。金剋木之人能很清楚知道自己想要什麼，當目標明確後能完全投入，不受外界任何事物影響，所以也較能有機會成爲領導者。

多修己身，多養成寬以待人的雅量，放低姿態常爲他人設

19

身處地的想一想，可以包容或成就別人的人，則必定能成就自己。以指責別人的心來指責自己，能少有過失；以寬恕自己的心來寬恕他人，能交盡天下之友；安守本分，盡心盡力，無私心，做人就能圓融，任何事物都會變得更為完善。如果此人有在修自身，是五行當中最大公無私之人。

Notes

2-1 木剋土【木→土】命格特質及優缺點

特質：整合制度派之命格（太平初期）

個性傾向： 內斂（隱藏）、穩定、執著、思考、保守、擅長計劃（企劃性）、有時固執、易讓人感覺鈍象（外鈍內精）。

動作力： 被動、分內事積極、不易浮躁、按部就班、持續力比較強（對認可之事）、規則化。

處事方法： 講求條理、制度、規則、有時會單打獨鬥、喜歡規劃好再行動。

態度行為： 接受指令型、外冷內熱（表裡不一）、不直接打擊別人（也不直接拒絕別人）、有時感覺陽奉陰違。

人格優點： 隱藏性極強、擅於企劃、整合、守法則、有耐心等待，屬於策略規劃型之人格特質。

人格缺點： 頭腦比較不易快速轉彎、過於守成、執著、固

執、不易溝通、不擅於多解釋、應變比較弱、被動。

先天吉運： 外鄉緣好（到外地發展容易有機會遇到貴人、容易受照顧而成功）。

事業專長： 智慧型、企劃、整合（也是一種洗腦）、公務員、交通業、作家、學者、政客、電腦、顧問、廣告、傳道者。

人生觀： 講求實際主義者（比較踏實）。

　　純木剋土之人能知人善任，會去做整合與人有關的事。不太愛笑，容易板著臉，好像人家欠他錢的樣子，外在給人的感覺有點像樹木；呆板、喜歡特立獨行、不太合群，其實那只是別人不太容易了解他們內心真正的想法，因為他們內心就像樹根一樣發達且隱藏，所以，就不會表現於外在了。做任何事有目標，有條理，擅於計劃安排，運用身邊的資源與資訊。木剋土的內勤人員比較多，因為做事或與他們相處，一定要把事情一條條、一步步的交代清楚他才能去做。

因為木剋土的人有謀略，所以不太會做決策者，大多是企業界的第二線人物；城府比較深，所以容易給人陽奉陰違的感覺。男性會打屁，敷衍，誇大言詞，在關鍵的時候會提供直接甚至是批評的言論。也會隨遇而安，承接型。女性較陰沈，能屈能伸，內蘊多思。

此人容易有先入為主的觀念，死腦筋，凡事一定要親眼看到或親耳聽到才會相信，但滲透性很強，能屈能伸，做任何他們認可的事情都能堅持到底，凡事喜歡思考，所以，不會當下做決定，外緣好，很適合到外地發展。

2-2 土生金【土➔金】命格特質及優缺點

特質：善良（老實型）

說話很直，秘密比較藏不住，心地很善良，沒有心機，常想到什麼就說什麼，講求實在、不虛誇，也因此很容易傷害到他人而不自覺。有點傻大姐的個性，遇到感傷的事情容易落淚，不太會記仇，善良，凡事大而化之的個性，常需要上當受騙到十次以上才會學乖、認清楚事實。如果是在家族事業中成長的人，擅於企劃整合，因此可承接而且能發揚光大。凝聚的

力量很強，擅主動表達，執著，固執，好惡心很重。

2-3 木剋土【木➔土】的內在心性

中規中矩，凡事秉持著一步一腳印，按部就班的思考模式來做人處世，常讓人看成是呆板、固執、墨守成規、放不開的人，事實上卻是個情緒管理高手，凡事在沒有想清楚之前，是不會直接先去拒絕或打擊別人，也因此給人有了城府比較深或陽奉陰違的假象。木剋土之人有自知之明，能確切的掌控自我情緒，反省能力很強，有一套與眾不同的獨特見解，因此不會有人云亦云的現象。同時，因為吝嗇於向別人多做解釋與溝通，像在玩圍棋遊戲一樣，想得足夠深且長遠，所以在很多事情上可以反敗為勝、扭轉局勢。有少數的人也會因此將自我鎖在自製的格式之中，而無法自拔，有時可以跳脫一下既有的思考模式或處事方法，就會發現只是庸人自擾罷了！

屬於智慧型的人，有頭腦、點子多、有謀略，但不太會是個決策者，大多是企業界的第二線人物；有先入為主的觀念，因為非常相信自己的判斷能力。潔身自愛是美德，但不可太過於清高，清高之人不問世事，太過於無情無愛了，不擔心別人

25

對自己好不好，只擔心自己沒有用心去待人，這才是最重要的。人到無求品自高，天生具有內省的功夫，但不要忘了需要有朋友的砥礪；與之熟稔的人都知道，其實木剋土之人就是個心直口快，沒有心眼的人，只是有時候少根筋。

Notes

3-1 土剋水【土➜水】命格特質及優缺點

特質：配合派之命格（太平末期）

個性傾向： 樂天安逸、愛幻想、隨和、反應快、聰明、喜好變化性事物（過於美化、幻想）、擅於分析、設計、幕僚、輔佐能力強、有時怕壓力（逃避）。

動作力： 緩慢、短暫性的衝動、被動、思多行少。

處事方法： 配合型、合夥或合群性強、擅於結合群體力量、調解、保守派。

態度行為： 親和力強（尤其對異性）、時而輕浮、隨遇而安、喜攀附、有時容易衝動（短暫性的）。

人格優點： 擅於輔佐、策劃、攀附、設計、調解、多學型、屬於幕僚管理之人格特質。

人格缺點： 遇關鍵時容易逃避、心不夠細、對事物容易看表不看裡、缺乏行動力、輕浮、具挑剔性、不

容易專心、容易虎頭蛇尾。

先天吉運：　異性助力、合作助力、善用人才。

事業專長：　幕僚（企劃人才）、公關、設計(如：花卉、服
　　　　　　裝、美容美髮等與美有關的行業)、分析、輔
　　　　　　佐、合夥事業、從商、買賣、美化事業、服務
　　　　　　業、電腦行銷、與異性有關的行業。

人生觀：　　愛好自由、講求安逸、屬於和平主義者。

　　聰明反應快，迷糊忘性高，碰到棘手之事容易逃避、退
縮、敷衍、害怕壓力，聰明軟功好，不得罪人，會順應人家，
親和力佳，會口服心不服，可靠攀附來成功，異性緣非常旺，
容貌卻未必漂亮或好看。有福氣及好人緣，異性助力很強，可
在事業上獲得幫助，異性主管助力很大。缺乏動力是因為很能
擅用人才做事，具挑剔性是要求完美的原因，凡事重質不重
量，本性善良，在土剋水之人眼裡，每個人都是好人。

　　純土剋水的男性外在給人第一眼印象是：穩重、可靠的感
覺，具有「人不犯我，我不犯人」的性格；純土剋水的女性外

表給人的第一眼感覺是：外表精明能幹，不熟悉的時候很好相處。實際上容易讓人有挑剔、找麻煩的感覺。如果讓人感覺到做作或表裡不一，那是因為覺得自己做得還不夠完美所致。想輕鬆過日子，所以個性偏向好逸惡勞，喜歡比自己年齡大一點的人。做事之前得要先相信後，才會去做自己相信的事。

善於美化，會包裝自己，對任何事都要求完美，所以常給人有行動拖泥帶水的感覺。在與人互動上比較大而化之，常會報喜不報憂，隨遇而安、及時行樂，很會逗人笑，很受人歡迎。

◎陽土：5、15、25、35 的人，與年紀大的異性比較有緣。
◎陰土：6、16、26、36 的人，與年紀小的異性比較有緣。

3-2 水生木【水 ➜ 木】命格特質及優缺點

特質：外緣好（外交官型）

愛面子、凡事要求完美，有心事比較不會跟別人說，因此也容易有聲東擊西的表現，不太喜歡讓別人了解自己，但是喜歡引人注意，銷售能力很強，所以，很適合做有關服務性質的

行業，如：業務人員、保險人員、直銷行業等均佳。遇到有傷害自己的問題，會假裝不知道來偽裝自己。愛家、非常保護家人，喜歡交朋友，但知心的朋友反而很少，平時很有群眾魅力，但私底下常常獨自寡歡，骨子裡是個多愁善感的人，心思很細密；可把幻想變成理想，熱情有耐力，發展比較穩定。

3-3 土剋水【土➜水】的內在心性

　　樂天安逸，不喜與人爭，無強出頭的心，有成人之美與寬容的雅量，不喜歡與人有正面衝突或爭執，凡事以和為貴，面對家人時也是如此，所以非常適合做遊說的說客，如：外交官、大使、律師、仲介業、公關、門市等，以口說服人的工作為佳。隨和好客，喜歡熱鬧，內心是非常害怕孤獨與寂寞的，喜歡走在人群當中，才不會有孤寂感，在人群當中的配合度極高，所以環境的好壞，很自然的最快、也最直接影響到心情。通常環境的好壞也決定了土剋水之人的表現，因此一個好的環境對土剋水之人極為重要。

　　是個愛幻想的人，會把事情都幻想得很美好，所以，當事情沒有預期的那麼完美時，會非常難過，面對事情容易看它的

外在，而忽略了實質的內在。心不夠細，無法用心，思多行少，總是慢人半拍。比較沒有積極進取的企圖心，也因此易給人缺乏動力的感覺。逃避，是因為不敢拿出勇氣來面對真相，害怕看到自己失敗、膽小、醜惡的一面，因為是個太過度要求完美的人，凡事總希望能做到盡善盡美的地步，事無完美，人無完人，但凡世事都無法十全十美，何不看開一點？因為太過於融入環境當中，所以也就忽略了自己的重要性，同時也比較無自我的中心思想，有眾人心即是己心的想法，因此，容易心隨境轉。得要先了解自己而後找到自己是誰？在環境當中自我的定位在哪裡？能想清楚明白自己在環境中的重要性，在環境當中什麼事情與自己有關，而什麼事情又是與自己無關，這樣才能境隨心轉。

Notes

4-1 水剋火【水➡火】命格特質及優缺點

特質：效忠派之命格（淫亂初期）

個性傾向：　感性、熱忱、外向、學習強、行事熱心、擅於
　　　　　　分析變化、多意見、性急、易衝動、反應激烈
　　　　　　（極端）、好打抱不平、忠心耿耿（對認可的
　　　　　　人事）、為人善變。

動作力：　　主動、活動力強、缺乏耐力（三分鐘熱度）、
　　　　　　個性急、反應很快。

處事方法：　快速、迎合、講求服務是帶有利潤的、敢冒
　　　　　　險、具投機性（暗藏賭性、擅於變化及改變結
　　　　　　構）、不適合極細的工作與事務。

態度行為：　熱心、效忠、排外性強（極端主義）、喜新厭
　　　　　　舊、易合易散。

人格優點：　護主性、服務性、激進、擅於提供意見、屬交
　　　　　　易型、保鑣型之人格、重朋友。

人格缺點：　易簡單複雜化、破壞性強（玉石俱焚）、分裂性或挑撥性、浮躁（極缺耐心、耐力）、容易不滿、排斥、博學不精、喜歡操控。

先天吉運：　有機會從事回收或二手市場行業、房屋仲介、保險事業、代理貿易、亂中取勝。

事業專長：　公關（外交）、服務業、公益事業、買賣、代理貿易、改變結構（外觀設計）、拆除破壞結構、商業型、藝術家、五鬼、八大行業。

人生觀：　講求利益及兩性氣氛情調主義者。

　　純水剋火不論男女，外表給人第一眼印象都是熱情易親近，很好相處的感覺，個性上不要知道過程，只要知道結果，行動派，很容易受言語感動，審美眼光強，多學不精，好管閒事，又富同情心，會去幫助各種不同類型的人。男性對自己的朋友熱心，有三快（開車快、吃飯快、睡覺快）；女性對自己人熱心，傻大姐型。水剋火是比較會去幫助各種特性的人，好惡兩極化是「行為個性」上的反覆，喜歡就喜歡，不喜歡就不喜歡，沒有中間地帶，獨立是對立（不服氣、不服輸的獨

立）；水剋火在「行為功能」時，表現上非常強烈，也較嫉惡如仇。

　　喜歡打抱不平，急功好義，喜怒形於色，對認可之事完全投入，不論對錯，常常容易感情用事。分析能力很好，但只能給出一個想法，卻無法幫助解決事情；重利益，凡事都以利益為出發點是其缺點。重朋友，外向，年輕人容易朋友邀約就出門，常會玩得忘記回家，做任何事都只有三分鐘熱度，來得快速去得也快，與此人做生意，一定要當場白紙黑字寫清楚，否則容易生變，因為他們在性格上善變，不太喜歡凡事一成不變所致。

4-2 火生土【火➡土】命格特質及優缺點

特質：沉穩（內斂型）

　　外表冷靜、喜怒比較不會形於色，做事喜歡三思而後行，很容易接受別人的意見，不會固執，但決定之事不輕易改變，做事效率高，積極又主動，所以適合做任何行業。個性溫良且親切，慷慨好施，又有禮貌，內心缺乏安全感，害怕失去的時候，會抓得更緊。有強烈的好惡心，也比較集權，但不會表現

的很明顯，初配合而後操控。

4-3 水剋火【水➡火】的內在心性

遇事時人心的起伏、衝擊很大，在百感交集之下情緒容易激動，所以，反應比別人來得強烈而且大些，情緒是來得快、去得也快，也就容易反覆無常，性急缺乏耐心，很容易浮躁不安，做事情比較沒有準備，也沒有計劃，只憑腦子一熱或興頭一來就動手去做，而且恨不得能立竿見影，最好能養成遇事不急的個性。

急於求成之人是缺乏自信的，常會出現欲速則不達或是急公好義的現象，以此來增添自己的重要性與自信心；本身好勝心強、不服輸，敢冒險、敢投機，不怕真的輸了，只怕自己沒有勇氣去做，所以天生帶有賭性；與生俱來那份高貴且重的自尊心，常讓水剋火之人具有破壞性、分裂性，寧可玉碎不為瓦全的處事態度，以及自己得不到，別人也休想得到的想法。其實那只是外在的一種保護色罷了！為的只是保護那空虛、缺乏安全感又沒有自信心的內在心靈。

　　凡事喜歡操控不敢放手，也是因為上述原因所致，內心容易有空虛感；有時會讓人感覺挑剔、挑撥、不滿、排斥等，都只是想引起別人注意與重視，完全沒有惡意。想像力比一般人更加豐富，所以容易把簡單的事情複雜化，多心又多慮，不適合做極微細的工作或事務，無法專注在一件事情上。對色彩的感受度很敏銳，適合從事與色彩有相關的行業。

　　是個非常重視朋友、講義氣之人（但也常意氣用事），只要是朋友開口，不論自己能否幫忙，一定先攬事再說。要記住，是非皆因多開口，煩惱皆因強出頭；排外性很強，把自己人與外人分得很清楚（尤其是女性），待朋友都絕對誠信，所以不喜歡別人欺騙，一旦成為朋友會非常效忠，忠心耿耿；在工作上或行為上都很好相處，易合易散，好惡分明；常以利益為出發點，會給人有功利、愛財的感覺，想要快速收效的人，只看小利益，反而達不到目的、辦不成大事，容易流於有勇無謀；唯有對我真心的好友，才敢說出真心話，忠言本就逆耳，不要認為那些刺激、打擊或看不起水剋火之人的人是仇人、是冤家，其實，人能有堅強的意志力與毅力，往往是從這些人、事當中磨練培養出來的，因此，面對此人應心存感恩才是。

Notes

5-1 火剋金【火→金】命格特質及優缺點

特質：協調派之命格（淫亂末期）

個性傾向： 雙重性格、多考慮、敏感型（樂憂兩極型）、神經質、擅於研究、推理分析、謹慎小心、容易緊張、有耐性、具同情心、龜毛、自信心弱。

動作力： 有時積極、有時消極、有耐心、注重儀表。

處事方法： 謹慎小心、凡事三思而行、擅於溝通、講求完美（自我的完美）。

態度行為： 溫和、具同情心（尤以女性有佛緣）、容易接受別人意見但未必遵行、協調性夠、幽默。

人格優點： 謹慎小心、有耐心、喜好研究思考、模仿力強、擅溝通協調。

人格缺點： 疑心重（不夠果斷）、容易反向行事、神經質、怕壓力、易退縮、性急、易受煽動、缺乏數字觀念（尤以【疾厄宮】24）。

先天吉運：　易得寵（貴人助力多）、人際關係好。

事業專長：　公職、研究學者、技術性、化工、電業（電腦、電子）、水電工程、公關、進出口貿易、業務顧問或行銷顧問、律師、演藝業、娛樂性行業。

人生觀：　　講求精神主義（浪漫型）。

　　純火剋金不論男女，外在給人的第一眼印象大多是冷靜、不多話，但是熟了以後，會發覺他們其實是很愛聊天的人，話匣子一打開，就有說不完的話，蠻符合火剋金悶騷的性格，比較容易吸引到各種特性的人。樂憂兩極化是（內心）的反覆，胖一點的人比較會往好處想、相對樂觀，瘦一點的人比較會往壞處想、容易鑽牛角尖。

　　一定要注重人脈，因為火剋金之人是靠人脈而成功的。容易緊張，是因為常常會把未來的事，提到現在來想。火剋金人一生中做任何事都十分細心，沒有十成把握的事情，不敢輕易答應或許諾他人。

　　會要求自我的完美，喜歡什麼事都自己來做，是因為很不

放心把事情交給別人去做。判斷事物能力強，擅分析別人（好軍師），可以給他人一個很好的想法外，還可以給一個非常好的建議，但是分析自己時則難作主張，反而當局者迷。話不會一次講完或語帶保留，顧左右而言他，不會當面承認，女性疑心病重，愛講道理，會拷問別人。

火剋金之人是天生享受派的人，不會虐待自己，比較喜歡談精神上的戀愛。出門時喜歡找人一起同行，不喜歡獨自一人出門，也非常會察言觀色。「行為功能」上火剋金之人，比較會注重自己與他人的外在和穿著，「思想功能」與「行為功能」同是陽性反應之人更是如此。

5-2 金生水【金➔水】命格特質及優缺點

特質：機靈（聰明型）

在所有生宮當中，金生水是最幸運之人，也是最有福的，常付出少得到多，為人聰慧，所以，眼睛多半很靈活，越靈活的人越是聰明，智慧無窮，到任何環境都能很快適應，鬼點子很多，學習事物的能力很強，通常看一眼就會了，但對自己喜愛的事，反而沒耐心，俠義之氣很重，凡事比較不為自己，會

做利益他人的事。喜歡思考研究，持續力很強，吃苦耐勞型，溝通協調能力佳，是實力派的人，表面上看似溫和，但內心很有主見，凡事不達目的決不改變。

◎陽水：9、19、29、39、49 的人，反應較快、聰明鬼才型。
◎陰水：10、20、30、40、50 的人，比較憨厚、富貴。

5-3 火剋金【火➡金】的內在心性

天生有副悲天憫人的好心腸，有大愛之心，能將快樂帶給別人、痛苦留給自己來嚐，凡事出發點比較不為自己，有佛緣、有同情心與同理心，會非常過度的站在別人立場來想事情，因此，容易忽略了自我的立場與角色定位，極度沒有自信，且高度敏感或精神無法安定下來，容易緊張、有神經質、多慮等，都是因為無法找到人生方向而自我矛盾，所以，有時積極、有時消極，給人有雙重性格的感覺。性子急（求好心切）往往在猶豫不決之時，旁人只要稍加煽動，就能當下做決定，但也因此常有決定以後，覺得實在是欠缺考慮，而後悔莫及的感覺。

　　他人也會覺得火剋金之人是個不夠果斷，疑心病又很重的人，殊不知火剋金之人，只是不知道，自己的定位到底在哪裡？而內心在猶豫不決罷了！能靜心下來傾聽別人的問題或內心的聲音，並且給予他人適時的幫助與答案，一旦面對自己就沒有耐心，無法冷靜面對自我內心真正的聲音。對自我要求甚高，總是擔心自己，深怕不夠好，尤其是相當重視且注意自己的外表、儀態與氣質，相對的非常愛面子，深怕旁人認為自己不夠完美，所以，才不敢面對自我的缺點，當真要面對時，常用逃避或轉移話題的方式解圍。

　　缺乏數字觀念是因為同情心氾濫所致，當旁人有困難時，很難坐視不理，會挺身而出，拔刀相助，因為這樣的個性，所以，常自己吃虧而啞口無言，但從另外一個角度來看，會給旁人有種我為人人，助人不求回饋的感覺，因此人際關係都非常的好。常容易輕信他人，但又愛懷疑他人。自己打不定主意，卻能幫別人下定論。多聽多看少說話，多用耳目能聰慧，少說閒話無是非。在愛旁人的同時，請善待自己，當你自己真正找到快樂時，才真有能力使別人快樂，要了解別人之前，請先了解自己才行，人生的價值在以自我肯定為前提，自己相信為首要，找到自我存活的目的與定位，才能明白了解，無我的真義是什麼。

Notes

6-1 無天格、無地格及一路平

◎無天格：　適合從官，如：政治、官場（「思想功能」平
　　　　　宮是無天格），比較勇敢於跟主管諫言和打成
　　　　　一片，長上緣好，做任何事均兵來將擋、水來
　　　　　土淹，拼死了去抵抗。抗壓性很高，有才華，
　　　　　很臭屁，當他們的老闆會備感壓力。（無天格
　　　　　要同陰陽比較好。）

◎無地格：　適合從商，如：自行創業（「行為功能」平宮
　　　　　是無地格），比較適合發展人際事業，是好好
　　　　　先生、好好太太，與朋友、屬下、配偶、子女
　　　　　等，有一視同仁的感覺，也容易與他們打成一
　　　　　片，他們要求什麼都不會去拒絕。大多喜歡小
　　　　　孩、小動物，對配偶或孩子比較沒輒，濫好人
　　　　　一個，個性容易緊張、好相處。（無地格要不
　　　　　同陰陽才比較好。）

◎一路平：　無天格與無地格的人稱之；一路平之人可向上
　　　　　發展人際關係，也可向下發展人際關係都很適
　　　　　合，但只能選一種方向來發展。一路平的人平

時表現溫和待人，與人相處融洽，但若生起氣來會有讓人意想不到的動作出現，容易讓人感到窒息，凡是故意找此人麻煩的人，都不會很好過。有人不犯我，我不犯人，但人若犯我，我必千倍奉還。

6-2 一路平再將之細分爲 5 種

◎【木、木】：比較有書卷氣、學習力強，有惻隱之心。

◎【火、火】：爲人熱情，把快樂帶給別人，不過外在表現與內在想法未必一致。

◎【金、金】：爲人個性嚴肅，常板著一副老 K 臉，不過分析能力很強。

◎【水、水】：爲人非常的聰明，一般人都鬥不過他，像水一般沒有固定流向，所以個性不易捉摸。

◎【土、土】：爲人固執、保守、內斂，做任何事都有自己的原則，但包容性強。

Notes

九宮格

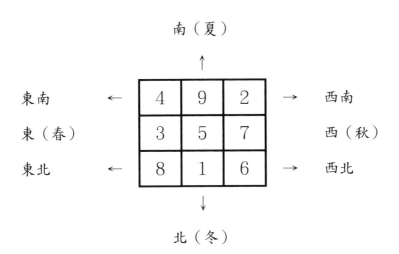

南（夏）

東南　←

東（春）

東北　←

西南　→

西（秋）

西北　→

北（冬）

九宮數字代表意義

◎8、3　　　：爲革命時期。

◎4、9、2：爲太平時期。

◎7、6、1：爲淫亂時期。

◎5　　　　：流年弱時稱空亡，流年強時稱名望。

以總格為主，人格為輔

1.總格和數 8：開創型，樂在工作，事業心重。

2.總格和數 3：性急、有鬥志與企圖心，講求方法與效率。

3.總格和數 4：異性緣佳，親和力非常強，男斯文，女文靜。

4.總格和數 9：熱情，聰明，滑溜，會應付人。

5.總格和數 2：喜獨享，安逸懶散，好自由，為人不喜受約束。

6.總格和數 7：有獨立性，有點孤傲，固執，保守。

7.總格和數 6：耐力強，喜歡與人合作，重義氣，得到型。

8.總格和數 1：內斂隱藏，莫名恐懼不安，好勝心強、不服輸。

9.總格和數 5：可塑性強，無一項專精，思想保守，不易變化。

入格代表【自己／疾厄宮】

◎人格爲金之人，肺部與上呼吸道的功能要注意：大腸、鼻、神經衰弱、氣管病、近視（視力減退）、肺炎、呼吸器官過敏、支氣管炎、偏頭痛。

◎人格爲木之人，肝、膽、神經系統功能要注意：眼睛、肝火大、容易疲勞（肝炎或肝功能失調）、神經衰弱、胃炎、胃寒、胃酸過多、消化不良、食慾不振。

◎人格爲土之人，脾、胃要注意：口腔方面疾病、筋骨痠痛、痛風、神經抽痛、皮膚病、皮膚過敏、神經衰弱、腸胃方面疾病。

◎人格爲水之人，腎臟、膀胱要注意：耳朵方面疾病、腎結石、膀胱結石、膀胱炎、糖尿病、眼昏花、腸胃病、腎功能差、月經不順、經痛、腰痠、子宮炎。

◎人格爲火之人，心臟、血管要注意：舌、小腸、血液循環不良、高低血壓、容易動怒、失眠、焦慮、心律不整、近視眼、血管硬化、神經衰弱、頭暈、經痛。

流年

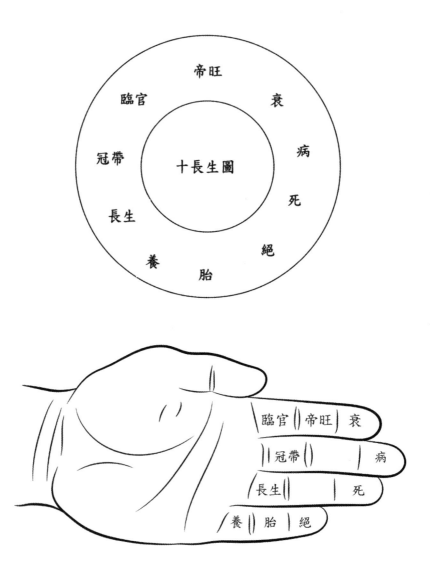

◎流年的算法：以命宮合數之個位數字爲起點，若合數爲 25，
　則 5 即爲冠帶。

◎流年的好或壞決定機會點的好壞。

◎冠帶爲起點：冠帶、臨官、帝旺、衰、病、死、絕、胎、
　養、長生。

◎年齡與保險年齡的算法一樣，過半年再加 1 歲（虛齡算完後
　再加 1 歲）；以每個人的出生月分來分前半年或後半年。
　如：7 月生的人，1、2、3、4、5、6 月爲前半年，7、8、9、
　10、11、12 爲後半年。

◎7 月生的人就是每年 1 月交新運。

◎胎、養、長生、冠帶、臨官、帝旺爲發揮、發展、衝刺期。

◎衰、病、死、絕爲修養（身心靈方面的休養）、充實自我
　（如：上課進修、培養第二專長、學習新事物）、醞釀期。

1 【胎】

　　新的開始，受胎期前三、四個月仍不穩定，沒有生命力、
變化大。如果還在原來的工作，一定要改變自己的想法，對事
業有企圖心，比較敢要求、敢衝。醞釀期爲動力作準備，同時
也是播種期；前半年凡事勿動，所有事情的計劃若有動作反而

容易脫節。「思多行少」缺乏動力，決定之事若付諸行動易成空，【胎】屬被動，所以貴人會主動來幫助，事業上會有新的工作來敲門，有重新改變之氣。「計劃期」充滿生機，剛剛萌芽，雖然顯現，但萬事起頭難，只要基礎打好，不至於會有太大的阻礙，有在艱難中建立新氣象之象，事業上會有機會來，可是不必急忙打定主意，如果主動去打定主意反而容易出現問題。在環境上還不是自我表現的時候，凡事還是以多學、多看的方式，一切順其自然，要做大事要有耐心。

2 【養】

潛龍勿用，天尚未明亮，不要強出頭，不是不能用而是自己不去用，凡事看清楚才去做它。受胎 6 個月，貴人代表母親、同事、同學、同鄉、同好等皆會幫助。在工作上和最親近的人一起合夥（兄弟姊妹、父母、朋友），當年特別會有支持、幫助。儲存力多少，決定以後成敗關鍵，強則強，弱則弱，完全為被動性人際關係，換工作不好，屬醞釀期。胎與養不同，胎是空幻期，養有行動但並未往外付出。「計畫期」做大事要有點耐心，才成得了事，不論任何事，都要先以自己熟悉的事情開始做起，凡事謹慎沒有害處，站穩新臺階，再求更

上一層樓，野心不可大，心不可太貪，光明已經從地面上露出，凡謀事、謀職、拜訪長輩之類的事一定可成，有求必應。

3 【長生】

不再靠臍帶滋養，脫離母體了，靠自己，會倦勤，對原本工作不滿，想自己創業，成獨立狀態，屬成長期，力量及衝力大、活動力、精神最旺，爆發力強，得到很多人照顧的機會，貴人最多，但發揮功能尚弱，可開業，可換工作。「成長期」凡事動機必須光明正大，虛心待人接物，不可存有任何成見，須靜觀發展，【長生】年還是不可主動，不宜積極妄圖或強求，做事時應有自我主見，不可盲從，也不要猶豫不決，【長生】年凡事想清楚、明白後再行動，日後才不會反悔。

4 【冠帶】

古時候在 20 歲那年行弱冠禮，慢慢成長，獨立成熟，自我意識成長，名氣最強，在當年可得到任何事物的成熟發揮期，凡事都很順心如意、也是最舒服的一年，自我培養實力，茁壯

自己，貴人多，要注意此期爲成長期，一切可放手去做、不用多慮，知道機會來了，就要去把握，應該做的就去做。凡事不要太愛出風頭、臭屁，保守、謙虛比較好；萬事均能通達，無須煩惱。【冠帶】是安定順利的一年，但好運之時，人常會出現得意忘形的態度與舉動，凡事小心警覺，守成不易，絕對不可以當前的好運就志得意滿，要居安思危。人有得意就有失意，怎樣過去就怎麼回來，這一點千萬要注意，有警戒提醒自己，往後有難才會有貴人來相助。

5 【臨官】

入社會接受外面的世界，屬發展期，很能夠去發揮自己，是走馬上任，精力充沛，表現付出期，對工作容易不滿，易換工作、跳槽，可換工作，走【名】容易一炮而紅，有實力，動能很強，要掌握這年好好發揮，從商的人要擴充可以，但要自我節制，年運最好的一年，凡事要好好把握，可成立分公司，因爲氣旺，凡事可以再進一步，沒有什麼問題。但也因氣旺，所以，此期的人無法吸收別人的諫言或優點，人在運好時，一定要多加注意自我的言行舉止，切勿得罪他人，否則日後容易招小人陷害。「發展期」時高層、老闆、經理級以上的人要比

較注意此期，有所得後，人一定要有謙虛之心，有謙恭之心才能明辨是非曲直，真心接納任何事情，如此，人才會戰戰兢兢地去做萬事，謙虛之人往往是很有魅力與自信的。

6 【帝旺】

是十年運程最顛峰時期，如皇帝一樣的旺，雄霸一方，能量放射，體力最旺，但容易得意忘形，剛愎自用，光芒太露，好話也聽不太進去。企業可合併，也比較可以找到或遇到志同道合之人來互相追隨，有以大吃小或另設廠房等現象。【帝旺】最好要把握前半年，可衝刺、多付出，做好人際關係，在【病】、【死】、【絕】那幾年會用得到。下半年持續力就差，比較會有負面影響，本來事業可有好的發展，但下半年容易遭嫉妒，會有小人出現，凡事應保守才對。發展期，所謂物極必反，千萬不可得意忘形「樹大招風」，否則便會自招災禍，禍福無門惟人自招，沾沾自喜來裝大，小心朋友會疏離，禍根【帝旺】年就萌生，成名每在窮苦時，敗事皆因得意時。

7 【衰】

　　經創業期後有挫折感，動力衰退，業績滑落，累了。開始懷疑事業抉擇，屬倦怠回收期，容易忽略自己，會很想投資，但不可再投資了，不做超乎本能的事，把風險減至最低，回收才會多，如因前面的事業做得成功還可回收不少，反之可能會有負債。凡事不可求滿，過滿後不會長久（滿招損）。工作上以舊業務（舊的客戶）發展為主，當年表現不好，很有可能被上司、長官冰凍起來；回饋、回收期，如是長久事業是可以回收，但剛換工作就沒有了；盛極則衰，有衰弱凋零之象，下半年感覺特別明顯，凡事想向前進展，只要是小幅度或小事上的調整，都是可以的，但要做大事或想成大事，恐怕不能如願。

8 【病】

　　心態上像是生病，凡事提不起勁，但查不出病因，身體容易受風寒，生理毛病不斷，如有舊病，容易舊疾復發。凡事不去計較，不去追求，會亂想為何失敗或埋怨老天不公平，事業上會像病急時四處亂投醫，因收入減少了，想重新選擇生活方向。自我反省期，當年他人容易允諾事情，但事後也容易反

悔，若能熬得住維持現狀，後半年有重用或調薪的機會，有短
暫性的財物貴人出現，幫助解決困難。但他人找合夥就不可行
了，如一定要合夥，那就一定要多問人、多聽別人的意見，才
不會對自己的財物有所損失。當年只要開口就會有人來照顧
你。易受外界的傷害，尤其是財物上的傷害最重。不要換工
作，流年走【病】時，女人的暗財有機會比男人旺，也比較會
有仲介的錢可以賺（暗財收入）。年輕人有時會不想工作。

9 【死】

　　若前兩年堅持，服務做得好，此時還會稍稍提升，定下心
來，會有客戶介紹或加購的機會。開始反省，回頭看自己，有
置之死地而後生的心態，從頭開始修正方向，但心態上容易提
不起勁，力不從心，很多事情都懶散，完全被動。對人生比較
會想不開、鑽牛角尖。這一年的一切抉擇，最好請教別人，才
不會判斷錯誤。前半年會有假象的好運，下半年有迴光返照，
所以有升官、進爵的機會，但壓力會很大；被動的力量，容易
由環境掌控，有得獎的機會，但如曇花一現一次就沒了；當年
貴人遠方求（外縣市、間接的朋友助力較大）。流年不好時要
提防小心意外、死亡或生病誤診。閒事少管，流年走【死】有

可能家中長輩有人會離開。當年也比較有機會接觸五鬼、八大行業，女性當年易走風塵，也較有暗財。

　　此時期又稱爲空白期，業務可發展組織，內勤可學習、靜修。【死】年生活環境或生活方式上可能會有改變，但不論怎樣改變，在心態上必然是要保持虛心接受，同時不可失去應該有的志向、人生或生活方向，凡事只求盡心盡力，無愧於心，不求眾人看得見。

10　【絕】

　　生命體的結束、滅絕，表面上無生命跡象，環境之中有很多的機會來臨，但卻會傾向事倍功半，容易一乾二淨，什麼都沒有；是谷底運，是鹹魚翻身的時候，是好事情的開始。凡事不可心急，自己要多多學習、吸收、充電，在各方面提升自己。前半年最好不要動，不做突破或打算，下半年會有貴人，或出現絕處逢生的轉機。前幾年若有不順或債務，後幾年【胎】、【養】、【長生】會辛苦還債；流年走【絕】、【胎】、【養】時是學習的運，易接近宗教。家庭主婦有得意外之財的機會，如果是做五鬼業的人，在【病】、【死】、

【絕】、【胎】時，也有得意外之財的機會，當年可出國走走散散心。

　　【絕】年凡事宜量力而爲，不論想做何事情之前，請先三思而行，做些規劃爲下半年來打基礎，而後開始一步步地去履行、實踐。【絕】年流年正好可謂：前半年是「山窮水盡疑無路」，後半年是「柳暗花明又一村」。窮則要變，變則後通，心態非變不可，或工作態度上的改變，檢討一下自己有沒有問題，只要能堅定地沿著已經看清楚的這條路一直走下去，康莊大道就會出現，如果未來的路還是找不到，也不必心急，下半年自然可以找到出路，但情況不明朗時，千萬不可強求或躁進，一定要等到看清楚了下一步才可前進，否則有自找麻煩之象。

Notes

歲值

一、歲值是指今年幾歲，例如今年28歲，尾數8就是歲值。

二、歲值可幫助流年，但歲值是遇強則強，遇弱則弱。

三、歲值是流年的值行官。

四、歲值的力量是加重流年的動力，讓流年運變得更強，沒有殺傷力，只有助力。

五、好的流年【養】～【衰】，不好的流年【病】～【胎】。

【1】「權星」

1. 會有掌控人的慾望，也比較會有表現慾，一定要積極表現出自己的想法，是新的開始，對任何事情都表現出積極的一面。

2. 升官、升格的情形。

3. 歲值如遇【1】，流年又走到【胎】、【養】時，會有貴人來助（貴人多半是自己比較親近的人）。

4. 流年剛好走【冠帶】、【臨官】、【帝旺】是外面的升官，如：扶輪社、獅子會等社長。

5.流年剛好走【死】是内部的升官，如：公司裡的升官。

【2】「空亡星」

又稱相星，女生又稱紅鸞年

1.當年也會比較喜歡五術：山、醫、命、相、卜。

2.歲值年走「空亡星」，別人比較會來請求幫忙，但最好不要，容易會有錯誤的判斷，尤其是流年走得不好時最爲明顯。

3.如果碰到流年是【胎】、【養】、【衰】稱享成星。

4.如果走到【病】、【死】、【絕】當年較會想不開。

5.歲值如遇【2】且當年結婚，則當年馬上會懷孕或生孩子。

6.相星：輔佐，若工作屬幕僚、智囊團、參謀，比較有升官、升職的現象。

【3】「車星」

又稱動力星，車子、破財

1.流年好時，【長生】至【帝旺】可以換工作。

2.流年走到【病】、【死】、【絕】就沒什麼動力了。

3.會因車子而破財，如：車壞了。

4.考駕照會比較容易考上。

5.如果是做業務的人動力非常強（33歲動力最強）。

6.賣車、出國、忙碌、外地市場（外地發展）都很好。

【4】「田宅星」

又稱口舌星

1.搬家、房屋買賣的機會大，容易因置產而賺錢。

2.可做房產仲介業。

3.如果對方的歲值是【4】時，買房子的意願比較高，可把房子賣給對方。

4.歲值【4】口才能力佳，如果可以從事業務相關行業最好，如律師、業務、講師等。

5.女人當年會有口舌是非（最好不要喝咖啡、聊是非），

年齡越大，口舌是非越明顯。

【5】「守成星」

又稱庫星，學習運

1. 對現有的工作容易有倦怠感，會想休息，不想做任何事。

2. 流年如果不好時，投資、創業建議保守一點。

3. 歲值【5】當年學習力強，所以要學習新的東西，用以突破倦怠感。

4. 向外鄉發展較好，木➡土、土➡水向外鄉發展運強，不論主動或被動均可。

5. 流年好時可動（動比較好），如：【長生】、【冠帶】、【臨官】、【帝旺】、【衰】等均好。

6. 流年不好時不可動（動比較不好），如：【死】、【絕】均不好。

7. 【衰】比較有動力。

8. 學習力最強是：5、15、25、35。

【6】「驛馬星」

又稱小車星

1. 比較有出差、換工作或離職等現象。

2. 業務活動量很強，奔馳力大。

3. 會想到外地落地生根，去外地發展非常好或適合到外地找工作。

4. 水➜火、火➜金的人離職現象比較強，內勤會有可能換外勤。

5. 流年好時，開車會太急，所以要小心不要去撞到人。

6. 流年不好時，要小心人家來撞你。

【7】「開發星」

又稱孤星

1. 比較會有突破開創的事情，做些別人想不到或別人沒做過的事。

2. 會有很好的機會，「開發星」年注重工作，但個性上會比較孤獨些。

3. 金➜木、火➜金的人，稱陽性反應，可發揮。

4.孤星的力量從商最好（尤其在【冠帶】那年特別旺）。

5.流年走到【病】、【死】、【絕】時，比較會想去投資，但最終會血本無歸、白忙一場。

6.水➔木、水＝水、土➔水屬陰性反應，如命格是以上型之人就沒什麼力量，沒有幫助，猶豫不決、反覆不定。

7.男性方面有事業的突破。

8.【命宮】或【疾厄宮】同時有【7】時，歲值又走孤星的女人會想靠自己，所以如果與配偶關係不和睦時，婚姻則難以長久維繫。

9.27歲走【帝旺】最好。

10.放射狀稱為陽性反應，為付出、能力型。

陽性反應

上下剋型	向外 上下生型	向外 上平下剋型	向外 上平下生型	向外 上剋下平型	向外 上生下平型	向外 上剋下生型	向外 上生下剋型
↑↓	↑↓	↓	↓	↑↓	↑	↑↓	↑↓

11.向內、全向上或全向下，稱為陰性反應，為得到、收穫型。

陰性反應（收穫最多）

向內生型　向內剋型　全向上　全向上生剋型　剋生型　生型全向上　全向上　剋型

陰性得到型（得到最多）

全向下　剋生型　全向下　生剋型　全向下　生型　全向下　剋型

陰性得到、收穫最好的

下平　向下生型　下平　向下剋型　上平　向上生型　上平　向上剋型

12.父母宮＝疾厄宮＝奴僕宮，稱為「氣有相通」，指需端看對方是否願意給予，或對方給了自己要不要收下。

【8】「天喜星」

又稱輔星、機運星

1. 當年主管容易找到得力的助手或很好的合作夥伴。
2. 無地格的人會找到好員工、下屬或會有別人來挖角自己，但可遇不可求。
3. 是別人來幫助的運勢，貴人容易出現，運勢太強的人不好，走【帝旺】的人會排斥別人。
4. 【胎】、【養】、【長生】碰「天喜星」是最好的，生日的前半年可施點小惠，喜神會在身邊幫助。
5. 貴人實力要超過自己，要加強創造人際關係，尤其是與上層的人際關係。
6. 一定要向外創造人際才有用，多和人接觸，多與朋友交流想法，可學到許多的經驗。
7. 對陽性反應（能力型）反而幫不上忙。
8. 對陰性反應（得到型）比較有用，對幕僚、內勤的人也有助力。
9. 當年比較有二度媒的機會（紅鸞的現象）。
10. 有升官的機會，要靠攀附與等待而來。28、38 歲時升官的機會更為明顯。

【9】「五鬼星」

又稱多變星

1. 工作上變化比較大。

2. 財容易找上門（如仲介收入、佣金）。

3. 容易有接觸五鬼、八大行業的機會，當別人主動邀約時，要謹慎評估。

4. 小心是非、小人較多，走【帝旺】時小人最多。

5. 非合夥運，會想開店（會想開與水有關的行業）。

6. 當年投機性很強，容易生貪念、或讓別人牽著走，有鋌而走險的現象。

7. 容易做亂中取勝的行業。

【0】「依附星」

1. 攀附型的人，依附的意思。合夥人容易找到對方的實力、能力、財力均比自己更強的人，藉以依靠他為最好（要別人大股、自己小股才行）。

2. 流年走【冠帶】、【胎】、【養】、【長生】都很不錯，有出國的機會。

3.當年要少聽、少說、少管閒事，才不會惹禍事上身。

4.當年度也比較會與公家機關打交道或往來。

5.命格金剋木的人（善於管理與出力），這時找人來合夥很適合；找人來出錢，而金剋木之人來出力。如果要出國工作、合夥的事業都可以做，但一定要先看流年的強旺。

Notes

歲值與命格相互的關係

範例1：

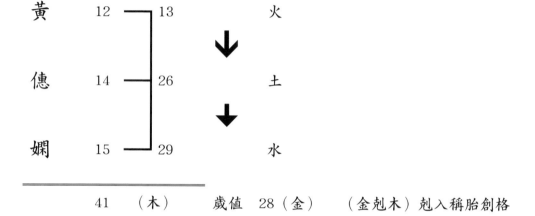

黄 12 ┐ 13　　火
德 14 ┤ 26　　土
嫻 15 ┘ 29　　水

41　（木）　　歲值　28（金）　　（金剋木）剋入稱胎創格

◎本命宮尾數為1(木)時，當年要注意肝、膽方面疾病。

◎剋出求財：有投資的機會、主動的想、有財無名。

◎剋入求官：晉升、有名無財、被動的想、白忙一場。

金➡木

1. 流年走不好時，小心官司，尤其是剋入時。
2. 流年走好時，反而會有升官的現象。
3. 有刀傷的情況發生，同時也要注意肝、膽方面疾病。
4. 易有長上、長輩來照顧。
5. 當心有官司糾紛（不要多管閒事、不幫人背書、買房注意不要買到二胎房）。
6. 情緒上易怒，對現狀有所不滿。也不安於環境中主管、上司的管束與安排。

木➡土

1. 陰木碰到陽土比較吃不開，會有困象。
2. 有外緣(外鄉)的機會，剋出的意願比較高，剋入是被動的。
3. 注意腸、胃、脾方面容易有問題。
4. 如果有經商、貿易，有機會得到代理權。
5. 當年比較會有困象，會鬱悶，小心牢獄之災。

土➡水

1.有漂洋過海的機會(可經商)。

2.當年異性緣特別強(桃花強)。

3.如剋入時小心想不開、想太多而自殺。

4.煩惱比較多是爲感情所傷。

5.合夥關係易有桃花現象。

6.異性貴人運旺,所以可向異性發展。

7.當年注意腎臟、泌尿方面問題。

水➡火

1.主破壞(剋入時注意燒燙傷)。

2.當年口舌是非、爭訟的事要注意。

3.心臟、血管方面也要特別注意。

4.田宅上有買賣變動的現象(陰火的情形比較明顯)。

5.當年比較喜新厭舊。

6.當年也要特別注意意外現象。

7.急躁、不滿、排斥(陽水陰火時特別明顯)。

火➜金

1. 當年容易反覆，猶豫不決，當局者迷。

2. 不太能聽得進別人的話。

3. 比較與佛有緣或有通靈現象。

4. 當年神經、呼吸系統、肺方面要注意。

平宮

34命／34歲（同位氣旺，猶如名望）

1. 比較容易受到別人的支持，有名望。

2. 如同站在人生的舞臺上。

3. 結婚、生子、買房、創業、繼承祖業、升官。

Notes

九宮圖

夏（耘）

（隅座） 4　絕	（正座） 9　交	（隅座） 2　衰
（正座） 3　煞	（中宮） 5　名	（正座） 7　官
（隅座） 8　利	（正座） 1　敗	（隅座） 6　財

春（耕）　　　　　　　　　　　　　　　　　秋（收）

冬（藏）

九宮氣

1·【敗】：北方，隱藏性、暗位、酷冷、暗藏霸性與侵犯力。

2·【衰】：西南，炎夏後之氣，由動轉靜、象徵懶散、享成、被動、穩定中求成長。

3·【煞】：東方，春之氣，萬物叢生、象徵競爭、辛苦成長、爭排名、爭更強壯。

4·【絕】：東南，春來之氣，生命力正旺、傳播時節、象徵活躍、親和力、異性緣、快速。

5·【名】：四季交接之氣，性雜變化多、象徵複雜、易合易散、隨遇而安、位中宮可集其他宮位之長、流年佳時更應該把握【長生】、【冠帶】、【臨官】、【帝旺】更好，遇強更強，爲名旺，弱時則爲空亡。【衰】、【病】、【死】稍好，成熟運程爲名。而【絕】、【胎】、【養】爲弱，稱

為空亡年。

6・【財】：西北，秋來之象，入庫之時、凋零時節、象徵孤
　　　　獨、得到、只進不出、易失機會。

7・【官】：西方，秋之氣，得成之權威、承接收成、象徵成
　　　　形、坐享其成。

8・【利】：東北，冬末春初，融入春之氣、萬物萌芽之時、
　　　　象徵開發、突破、走前端之象、個人風格比較
　　　　強。

9・【交】：南方，炎夏之氣，光芒四射、象徵獨霸性的權
　　　　威、有活力、已成型。

命宮與民國（西元）的關係

◎左手來持以【名】為首，【財】、【官】、【利】、
【交】、【敗】、【衰】、【煞】、【絕】。

　　▲流年好（強）時，如：【長生】、【冠帶】、【臨
　　官】、【帝旺】、【衰】時是「名望5」年，在流年強
　　時九宮稱之為「名望」。

　　▲流年不好（弱）時，如：【病】、【死】、【絕】、
　　【胎】、【養】時為「空亡5」年，在流年弱時九宮稱
　　之為「空亡」。

◎民國或西元的相併數如：臺灣，民國88年，兩數字相加至個
位數=7，7就是相併數。（8+8=16，1+6=7）

◎大陸、美國，如西元 1999 年，4 個數字相加至個位數=1，1
就是相併數。

◎日本，如「平成 13 年」，2 數字相加至個位數=4，4就是相
併數。（九宮裡相併數稱為氣）。

◎8、3、4、9稱為：成長期；2、7、6、1稱為成形期。

◎只要流年子母數相同時，如：88年、99年，經濟都會有所震
盪。

◎每年9、10、11、12月，明年的九宮氣會先進來影響運勢。

範例 1：

臺灣，民國 88 年的相併數是 7，由姓名的併數推算到年的併數。

如：天格的相併數爲 5，由 5【名】推到 7 是【官】；

　　人格的相併數爲 7，由 7 推到 7 是【名】；

　　地格的相併數爲 2，由 2 推到 7 是【敗】；

　　總命宮相併數爲 6，由 6 推到 7 是【財】。

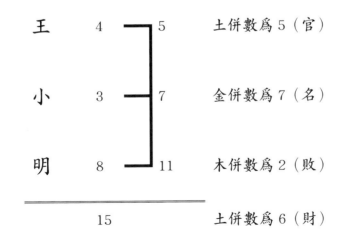

王	4	5	土併數爲 5（官）
小	3	7	金併數爲 7（名）
明	8	11	木併數爲 2（敗）
	15		土併數爲 6（財）

九宮手指圖

Notes

九宮氣於各宮所代表意義

1 【總命宮】

命宮的解釋是一生的機會點，是一年的大方向。

【名】—磁場好、機運佳，有知名度的一年，名望亦高的意
　　　思，容易出風頭，全力表現易受提拔，也可能因此而
　　　聲名大噪，貴人多，如：流年走【長生】、【冠
　　　帶】、【臨官】、【帝旺】、【衰】、【病】、
　　　【死】，這些年是指成熟的運程，活動力強的意思，
　　　尤其是【帝旺】、【長生】的力量最強，而【絕】、
　　　【胎】、【養】就沒有力量了。

【財】—是秋冬收成之年，靜態的收成，不用衝，入財，靜，
　　　勿投資，保守，入袋爲安，屬被動性之機運，穩當做
　　　事，保留實力，以退爲進，不可換工作或改行，順原
　　　事業經營，尤其是正財工作者，如：上班族。若有投
　　　資，則投入多少就會損失多少，考慮以保值的商品作
　　　爲投資的目標，對保守的人比較好。如果碰財時，碰

暗不碰明，碰暗財時，有可能得暗財，如：股票、仲介。當官者遇【財】年可能會因為貪污而無法升官。

【官】—成長，突破，受提拔，升職或有第二事業出現的現象。或有承接運，但是要看有沒有承接命（或承接命的數是【總命宮】12、23、34、45 等數），但一定要在一家公司或企業任職很久的時間，才能有承接的機會。如果是陰性反應也有承接的力量，陰性加承接命的力量會更大，亦有可能別人來找擴充事業或挖角。

【利】—東北位，冬末春初，暗順，保守勿投資，有倦怠象，易放棄該得到的，付出無法獲得肯定，而使機會流失，完全屬於人家來照顧，一切新的，空白的，所以要突破、開創是「金剋木」的天下。【利】是看流年最重要的時候，【帝旺】以後碰到【利】就比較沒用了，【長生】時【利】可以發揮。【冠帶】、【帝旺】時是守成，所以沒什麼好突破的。流年【長生】、【冠帶】可建議換工作。在【利】的時候很少升官，因為在公司行號或公家機關裡的主管，非常重視氣運，氣運不佳時，很少有機會升官，所以【利】就沒有什麼作用了。

【交】—轉變、表現的意思，也是一種新的氣象，想換工作，想轉變了，一定要有表現才能提升，整個思想及環境要開始改變了，由內勤轉外勤或外勤轉內勤的現象，注意機會之掌握，否則其後運勢易弱。10 個走【交】9 個會變，但「木剋土」的人比較不會變（因個性保守的人，當年變動不大，但個性外向之人，一定會有變動），如果先前工作穩定走【交】很好。流年走【病】時，10 個走【交】9 個錯，如果以前工作不好時，可以利用這個機會來改變。流年走【冠帶】與【死】時，碰到【交】就沒什麼作用，可在此年出國走走。

【敗】—深夜、黑暗、破壞，易受小人陷害，小心名節或會做出錯誤的決定，當年要隱藏，少管閒事，易受到他人的批評與指責，有不好的事吸引入陷阱，正當事業者易有人破壞，是非、小人多，易被出賣，勿出風頭，凡事謹慎應對為宜，不可違法亂紀，流年走【胎】、【養】最好碰到【敗】沒關係，【長生】、【病】碰到【敗】不好，【帝旺】碰到【敗】易犯小人，擔任主管相關職務的人，容易說錯話，有正當職業的人不可以隨便異動，也不要因利而被吸引入黑洞。

【衰】—福星、天官賜福、享成、升官，從商有財入，易得到
　　　長輩、上司、主管的照顧，可以達成高額業績，只要
　　　財力比自己大的都可以，在逆境的打擊過程中，顯現
　　　出絕處逢生之象，掌握機運，勿太懶散以免錯失良
　　　機，福星高照，流年【長生】最好，【胎】沒什麼力
　　　量（等待收成就好），【養】比【胎】好，大部份是
　　　內部的力量，【衰】要看命格；如果命格 1.陰性反
　　　應、2.「思想功能」無天格、3.金剋木等，會有很多
　　　貴人來助。

【煞】—犯法一定會被抓，競爭（爭奪之象），努力求生有生
　　　機，在生活或公司上容易出現亂象。保守勿投資，勿
　　　做保，當年的是非或麻煩事情特別多，所以不要合
　　　夥，否則會付出很重大的損失。容易有官司或訴訟文
　　　書等相關問題，盡量避開為宜。流年好可以競爭成為
　　　勝利者的機會很大，流年不好時在工作上容易被周圍
　　　的人夾殺、淘汰出局。當年小心意外，但「金剋木」
　　　不在此限。從商者會有官司、容易捲入是非或者被排
　　　擠。流年好時，本身是主管人員或從事軍職、警察等
　　　工作，都會有升官的機會。文職人員則容易與同僚爭
　　　相奪取地位，而產生互不相讓之象。

【絕】—靜、迎合、親和、付出、播種、勿動的一年，不要改變，不要投資，充電、靜守就好，可買黃金，可置田宅，財方可守住。小心會應得而未得，不應失去而失去，【絕】年財氣不好，套牢機會高且不穩，下半年勿換工作，絕對是付出的一年，【絕】年付出是爲了來年回收，所以，【絕】年付出多，回收少，只問耕耘，不問收穫。流年走【冠帶】、【臨官】最好，而且是非常好，完全不會受影響。走【死】、【絕】就沒機會了，所以，不可換工作。走【胎】、【養】時較無力，是要靠別人來照顧，所以有行動比較會白忙一場。

2 【田宅宮／父母宮】

【名】—組織成長、升格、突破，機運佳時被挖角好，主動不好，公司易出名，易得知名度，象徵在組織當中能受重用與個人的知名度無關。容易被上司看到而得到賞識，和上層溝通順暢、沒有阻礙，同時可以藉由當年的知名度來創造財富。適合買賣田宅，而且中意適合的多，但未必便宜及賺錢（這與流年息息相關），但

老年人就要小心死亡了。

【財】—若運好時田宅售出易賺錢，反之賠錢（財在天爲得，在地爲洩），換工作不好，流年好時可投資創業，但要保守一點，流年不好時，如【衰】、【病】、【死】、【絕】等絕對不能投資，【財】年有得財之機會，女人的暗財比男人多，大多是從長輩、父母那裡得來。

【官】—升官、升職、組織易擴充、合併、成立分公司，有兼差機會或會負責兩種業務、升等考試等。婦女會出去工作，有遷移之象，有人挖角，轉職以換到大型組織或公司爲佳。運好時宜往上承接，千萬不可與下層合作（含平輩朋友亦不宜）。田宅有購買第二間的機會，本來沒田宅的人【官】年可考慮買房子，成不成要看流年。

【利】—保守、無力感、充電期、機會空白，流年與運程都好的時候，年初會有曇花一現的機會，掌握不住就沒了，運程差時，宜穩定中求發展，買賣田宅沒機會。象徵想法也是一片空白，是個大轉變的力量，可選擇

變或不變，要看流年好壞。

【交】—換工作、做抉擇、轉型，可買賣田宅，可能職場有改變（公司有所調整或變動）或家裡會有重新布置或裝潢的現象，適合房地產買賣轉換，有成交的機會。【交】年是造成改變的機會，上層合作關係或與組織、合夥人改變。在公司易有職務上的變動，也或許是上司會有變動，以上都有可能發生。

【敗】—劫財、洩財、空亡的一種、思想不靈光、沒有機會。容易想做投資的事，若剛好【奴僕宮】發動就會起貪念，【敗】年易投資錯誤，尤其遇到【父母宮】發動時更應注意（五鬼業例外）。婆媳間有微詞，不張揚要靜心。田宅不易成交，不易找到好房子。在公司或組織裡不好，是非多。【敗】年忌開店，怎麼開怎麼垮，流年再好都不能開。【敗】年應收斂不要得罪人，與主管的關係比較不好，公司內部暗鬥不和，內憂外患或員工吵架，帳會錯誤、買賣會出現糾紛，宜多加注意。會有想換工作的想法（業務的人比較明顯）。【敗】年不可被挖角，小心被暗中傷害。

【衰】—天官賜福，公司知名度可慢慢恢復，【衰】年福星高照，易得到長輩或父母的照顧。因為流年氣強，所以與自己在工作上有所相關的人，也都會跟著好運起來。擔任非主管職的人，反而氣運更加強旺。【衰】年遇提拔一定要接受，不需要考慮，在原單位只要自己的流年強，都有機會被提拔，貴人旺，若商家【衰】年是絕處逢生的機會。田宅易買賣到好價錢，一旦掌握機會就必須要快速成交，【衰】年也可租到好房子，房東也可能是自己的父母、長輩親友或上層。凡事以退為進，找工作要馬上決定，不然機會則瞬間流失。

【煞】—爭奪，組織有是非，對上不要做出違法之事，容易被抓到，是非多，勿合夥，多波折，換工作不好，公司易被告，長上、父母或夫妻會有口角發生。田宅小心買賣與合夥文書上有糾紛（含租約）；軍警或業務主管，流年好時，有升官的機會，但要小心官非，壓力大，麻煩多。

【絕】—休息求安，目前無表現，無突破，只出不進，勿動宜守成，建議休息不要換工作。不斷努力的對未來付

出，對上做好人際關係，隔年機會就來了，創造人際關係最好的一年，是投資、買田宅的好機會，可以買到好價錢，也容易買到便宜的中古屋。不看流年看景氣，碰到【胎】，【養】，【長生】最好，是另一種得到。

3 【財帛宮／疾厄宮】

【名】—是正財最強的機會，付出勞力，循規蹈矩，靠自己的力量得到之財。易有賺錢的機運，仲介碰到【名】能靠知名度來賺錢，覺得自己很行，但不一定能勝任，注意自己的健康，靠知名度完全凸顯自我，選擇自己熟悉的工作，腳踏實地努力，則收入就自然會多。

【財】—劫財，勿投資，不要借錢出去，錢不露白，【財帛宮】碰【財】時易曝光，有人會來調錢周轉。「行為功能」是陽性反應的不可投資，不宜起貪念。走【財】加上【奴僕宮】發動時，大破財，流年好沒有發動，財也會向外流，故錢財只宜進不宜出，否則輕則套牢，重則破財。

【官】—會想要投資，當心投資錯誤（可置田產），事業不如意，想再爭取。感情失意，想再換另一段情。賺正財的上班族會想要去兼差，可以兼差。容易起心動念投資股票、期貨或投資他人的公司等情形，可以小玩但收入不會太多。若為公司的老闆會想要去承接或擴充店面，流年好時，可以為之。

【利】—心態上想休息，不想做事，屬真空狀態，一切是新的，是空的意思，是財空了，收入進不來，守不住，但可借力使力，如對方的財力比自己小時，不可以投資，會減低自己的實力，不做新的投資，金融投資的方面會一切如山倒。

【交】—轉變，改變的意思，也是一種新的氣象，心態與慾望也會有改變，由辛苦轉變為輕鬆的現象，也會由正財轉變為暗財，財源收入轉變，賺錢方式改變，會有換工作的機會，但好壞不一定，要看流年運，流年走【冠帶】表示財運好，如前面經營好了碰【交】更旺，如果流年不好，又有欠債時，就沒有救了。

【敗】—在各個地方【敗】都不好，但是在【財帛宮】時

【敗】是最好的，貸款易成，可得到承接的財富，或附加價值高的產品，如：古董、字畫、黃金等。暗財旺，易得到錢或奇蹟出現，若能掌握，可有得財的機會，財不曝光更旺，小心過度的貪念或慾念。

【衰】—得財、懶散，想被照顧的心態，可投資但宜保守，是暗財的位置，因天官賜福，正財的人賺得多，暗財也多，只要付出一點點就可得到，流年走【帝旺】最好，流年不好時容易滿足於現狀。

【煞】—會想要投資但不可行，宜守成，會有金錢上的糾紛，暗財還有一點點，忌賭、忌貪，賺錢兩極化，不是大好就是大壞，有可能上半年好、下半年壞，或反之，因收入起伏很大，投資易失敗，所以心態上會有病急亂投醫之象，並且要小心意外之災，無謂的損失或投資，是非都是自己找的。

【絕】—要賺，賺不到了，此時暗財沒有了，想要賺錢看流年，流年好賺錢才有機會，可買賣田宅或黃金，【絕】年一定要付出，要多多照顧別人，多付出才有後路，爲下一年努力。

4 【奴僕宮／子女宮】

【名】─有貴人，新的朋友，易借到錢，表示屬下比較有出色的表現機會，如果沒有屬下的人，走【名】年會應徵到好的屬下或員工，如果新進員工的流年剛好走到【冠帶】、【臨官】、【帝旺】等，會有更出色的表現，倘若該名員工的【命宮】又走【名】時，那更可相得益彰。【名】年也可以找到好的異性對象，未婚之人容易有桃花氣、吸引異性的特質出現，女生小心意外懷孕。已婚者當年有生小孩的機會，得男的機率高。【名】年也會想結婚或有結婚對象出現，或已婚者自己的配偶有名氣，有好機運，【名】年夫妻感情如果不好時，會有致命的吸引力來襲（會有外遇出現）。身邊的朋友會主動介紹很多新的工作機會，例如：保險、直銷或業務等。如果對方的五行是陰性反應或平宮最好，而生型會比剋型好。

【財】─勿投資、勿做保，如【奴僕宮】是【財】定會有漏財之象，自己容易做出錯誤的選擇，走【財】年忌貪，男性走【財】代表洩財，但老婆得財，老公私房錢容易被知道。如果自己當年走【財】時，借錢給別人不

易取回，自己有跟會要小心被倒會，當年有會就標，標下來的錢最好做保守投資或先存起來。買房子最好，可保本和保值。當年是屬下得到財，而我失去財，不宜合夥。

【官】—屬下有升官或自己有擴充的機會，自己也有發展第二事業的機會但是不好，【官】年靠自己，有換工作的機會，配偶也有換工作的機會或想再讀書、升等考試的現象，合夥人有拆夥的可能，拆夥後還會有很好的合夥人再來合夥。自己也有升官的可能性，或有兼差的機會。兄弟可能會分家。如果本來表現就不好的屬下或員工，讓他離開是最好的。

【利】—沒有機會了，是空的，要突破才有機會，表示屬下的機會點不好，屬下表現脆弱無力、不易突破，需要由你來拖著他走，員工沒有發揮的機會，幫不上主管或老闆的忙，如果說上層來找合夥可以，但下層來找合作就不可以。配偶可能會有暗財的機會，【利】年靠自己，勿投資，流年不利容易洩財，【利】年自己會有所成長。

【交】—暗藏不穩、異動的機會，朋友也有異動、改變的現象（屬下、員工、朋友、貴人、小人）反覆多變，【交】年與配偶多有爭執，也易變換環境，如：換工作、變換職場或變換座位、家裡有所改變，有裝潢或搬家的現象發生，運好時可交到新的好朋友，運不好時恐會交錯朋友，男女朋友也易有斷緣或第三者出現。【交】年勿投資，父母要當心子女此時可能有個性轉變的現象，【交】加【奴僕宮】發動不要投資，原來好的機會不要改變，保持就好。

【敗】—劫財、勿合夥、洩財、是非、小人的一年，基本上屬下、員工容易會捅出婁子，易被屬下、員工、朋友拖累，配偶的運程也不好，會有反射好機會的假象，但是千萬不可誤信投資。【奴僕宮】走【敗】有如【奴僕宮】發動，小心小人陷害，員工、屬下最不穩定的一年，也是自己最亂的一年，【奴僕宮】走【敗】要小心子女 10 歲以前較會有意外傷害或身體不好的現象，子女當年也可能會交到壞朋友。【敗】年要注意貴人反而變成落井下石的小人，當心環境誤導而受到損失、拖累。當年付出多，得到少，合夥易拆夥。

【衰】—懶散、被動、享福、進福德之氣、得利益之氣，如：
　　功名，員工、屬下、子女有好的機會，看似懶散但是
　　還有業績的收入，子女、員工、屬下漸趨穩定，自己
　　則要努力付出，配偶有暗財機會可得（平宮或陰性反
　　應，流年運順者），環境會有新氣象（尤其服務業會
　　有新人或新客户到來）。

【煞】—環境充滿鬥爭，員工、屬下易往外竄或流失，自己易
　　因屬下問題連累引起官司等事件。千萬不要介入屬下
　　的私人生活太多，配偶也易有官司、是非、鬥爭，小
　　心被自己的屬下陷害、出賣，屬下易幫別人説話，合
　　夥會有糾紛。自己【煞】年做任何事，失敗的機會較
　　大，多是員工帶來的是非或小孩惹事等等，環境不穩
　　定，多變化，麻煩多。

【絕】—空象，靜，上半年勿突破，下半年有新氣象，放下身
　　段與自己層次低的人接觸，隱藏自己的實力，待明年
　　發揮，屬下付出，我自己得不到，走【絕】可以大量
　　徵才，但容易流失。【絕】年是開始培養、培訓人才
　　最好的一年，教育小孩的話，也較容易聽話的一年。

Notes

各宮發動與流年的影響

◎發動年：不好居多，本來平靜的海碰到發動時會有大震動，
如：大海浪。

◎發動年：以年齡來看，每一次的發動要先+1，再
+9+9+9……。或先+10，再-9-9-9……。

◎【命宮】及【奴僕宮】發動最重要。

◎總命格加 1 的數字或加 10 的數字，均稱之為本命的發動。
如：命宮 24+1=25 及 34+10=44，25 與 44 均稱第一次本命發
動，第一次發動的改變最為明顯且最強，之後的力量則愈來
愈小。

【命宮發動】 —本命發動，也相當於「名望」，機會點打開
了，會有機會來找。要看流年好或不好，需
要自己去判斷。當年沒有對象的人，有機會
認識好的對象，而有交往對象的人易結婚。
命宮的發動視為人生的一大轉捩點。

【父母宮發動】—年輕時或脾氣不好的人，會將父母親或師長
的關心，視為嘮叨、囉嗦、約束，所以會有
排斥、不滿的現象，頭腦常胡思亂想一些沒

有意義的事情（如果是陽性反應或水剋火的人最為明顯）。股東合夥事業有可能改組或意見分歧而拆夥，有開公司、經營店面者，在流年不好時，管理運作的型態一定要力求創新改變，才有挽回的機會，否則會結束。

【疾厄宮發動】─當年建議去做身體健康檢查，內臟器官容易起變化，尚未成病徵，注意指數是否超過正常值（預防勝於治療），且可防患於未然。當年心情壓力大，偏向憂鬱（有可能是經濟，或是感情，要看流年走到什麼地方才能確定）。

【奴僕宮發動】─環境周遭（無妄之災）愈親近愈相熟的人對我們的影響愈大，傷害也最大（池魚之殃），自己不要太挑剔別人（自己是颱風眼，挑起別人的反目，而影響到自己）可大化小，小化無。

　　1.親友反目：親友間很可能是金錢之間的問題，如：因借錢或投資往來引起反目。

2.合夥拆夥：當年絕不可合夥，若合夥多年，小心意見分歧而拆夥。

3.夫妻斷緣：若是沒有結婚的人，異性緣很多，但未必長久。對於有男女朋友的人來說，當年如不結婚易斷緣。而已婚者，當年本人非常有吸引力，所以異性緣非常好，當心有外遇，也可能因此而離婚，所以要小心處理感情之事，當年也最好不要感情用事，要小心意外血光。

【子女宮發動】—若無子嗣的人，當年會有生子的現象，所生的小孩可稱為文昌坐命，很會念書。

【遷移宮發動】—會搬家、裝潢或室內擺設改變、出差、考察、出國、派任到外地，甚至於換工作都可能，而女性遇遷移宮發動，也可能是出嫁。

財運篇

◎【賺錢】：1、3、7、9 四正位及中宮 5。四正位會賺錢，企圖心、慾望、動力都很強，比較愛錢。

◎【守財】：2、4、6、8 四隅位。四隅位比較會守財，存錢的功能大於賺錢，其中又以「6」最會儲存，因為6是入庫的位置（又稱雙庫位）。

◎【疾厄宮】：又稱為財宮，最宜四正位。

◎【奴僕宮】：又稱為庫位，最宜四隅位。

財宮又分為五大類

1. 【+1】為「富」：跟隨主子打天下，如蔡萬霖，能力型的正財及暗財。

2. 【+2】為「權」：可白手起家，創業格(小老闆)，事倍功半，能力型的正財，偏財運少。

3. 【+3】為「豪」：機運強，事半功倍，可以小博大，機運型的暗財，靠人脈賺錢，易得異性相助。

4.【+4】爲「貴」：有福氣去大機構或公家機關任職，成就高可平步青雲，且多是出生富貴之家，機運型的正財。

5.財位與庫位相等時：爲【平宮】，一生多有起落，比較不平靜。

【+1】：「富」屬於能力型的暗財，攀附型。鮮少人是白手起家，適合攀附找一個主子，依靠此人一路順風（選人不選公司），借他人之力可水漲船高；如果攀附的主子當上了企業主，相對的，跟隨者的位階，自然也不會低到哪裡去。【+1】的人可以選擇【+2】的人來跟隨，此二類型的人都是能力型的人，會互相扶持照顧。

【+2】：「權」屬於能力型正財。完全靠勞力、努力，正正當當、辛辛苦苦、腳踏實地的賺錢。最沒有機運財的人，暗財比較無緣，表現踏實勤奮，適合加工、技術、製造、生產事業。打好基礎、紮好根、對事全盤了解、掌控局面、不輕易放出

權力、不信任別人的能力、不宜投機，不在行、不專門也不會去想，為人節省、自我性、權威、主觀都比較強，像媳婦熬成婆，是個工作狂。投機比較容易成為敗家子，【+2】的人不容易輕鬆賺錢。女孩子如果有工作，會一生勞碌，若不想工作，還想要一生好命，最好選配偶比自己還愛賺錢、會賺錢的人。女子能力不宜超越配偶，不然婚姻必有危機。若與配偶一同相互創業的人，會承擔其一切工作事務（如：業務、債務），宜做朝九晚五的工作。

【+3】：「豪」最容易爆發的財，也最有財氣。賺錢也是五種中最輕鬆的。保守性強、守得緊、最不捨得付出，「行為功能」是陰性反應的人守得更緊。女人先天環境不好、容易嫁有錢人，如果沒有嫁給有錢人，則先生容易靠智慧賺錢。最會守成、守財或鑽財路，自己也會動頭腦賺錢，企圖心強、會試圖將別人擊敗，使對方無法翻身。最會玩弄權術、人性、精通各種管道與門路，機運型暗財，不拘泥小節，會為賺錢不擇手段，計較成果，不計較過程。有機會進入演

藝圈，容易出類拔萃，易得獎也易發揮，有明星夢容易被挖掘。【+3】的女人精通馭夫之術，最會撒嬌，如「火剋金」（陽性反應），【+3】命宮數是24的人得財力量大。（陰性反應）【+3】的人小氣，但容易得到（付出就會賺錢）。女性如果企圖心強，有時會有奪人夫的力量，而且很大，也容易成功。閉著眼睛嫁人都會嫁到不錯的配偶，會幫配偶理財、守財。「無天格【+3】」愛上「無天格【+3】」，這種女人會難分難捨，女性【+3】夫妻共同經營的機會很大。男性【+3】可承接事業（如：陰性反應的人 22、34、45、56 歲時）。

【+4】：「貴」機運型正財。顧名思義具有貴氣，財宮對於【+4】的人而言，具有進入公家機關、五百大的企業、豪門或是增加接近權貴的機會。這種命格的人從事的工作最好是在這些環境中，又或者是本身就出生在豪門的人，所以在工作上將平步青雲，而且發展的相對順利。若非上述者，只要工作方向是朝公家機關、五百大的企

業機構或豪門，將有助其業務逐步順利的拓
展，工作上有親和力。女性【+4】易嫁貴夫，
也易嫁入豪門。

【平宮】：　　易大起大落，賭性堅強。先有名再有財，靠知
名度取財，適合做講師、股市分析師或訓練中
心培訓人員。平宮時，命宮總筆畫數爲34畫之
人，且流年歲值也走到34歲時（命宮與歲值同
位數），當年可打下知名度，也可以小博大。
平宮、無地格，從商或從事與人直接接觸的相
關行業都會很適合。【+1】的平宮叫「陰陽
平」，這種人的爆發力與聚財能力，比純「陽
平」或純「陰平」的人大，如：蔡萬霖。

陽平：易大起大落。陽平是指生剋型都向外。
陰平：易小起小落。陰平是指生剋型都向內。

範例 3

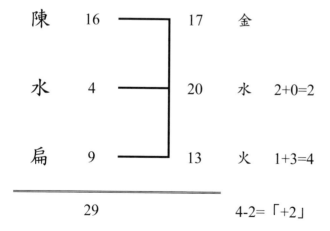

郭	15	16	土	
台	5	20	水	2+0=2
銘	14	19	水	1+9=10 1+0=1

34　　　　　2-1=「+1」

範例 4

陳	16	17	金	
水	4	20	水	2+0=2
扁	9	13	火	1+3=4

29　　　　　4-2=「+2」

範例 5

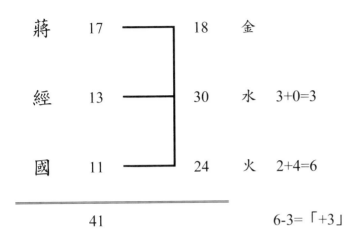

蔣	17	18	金	
經	13	30	水	3+0=3
國	11	24	火	2+4=6

41　　　　　　6-3=「+3」

範例 6

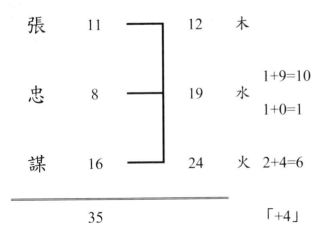

張	11	12	木	
忠	8	19	水	1+9=10 1+0=1
謀	16	24	火	2+4=6

35　　　　　　「+4」

Notes

從五行看個人理財與投資的心態

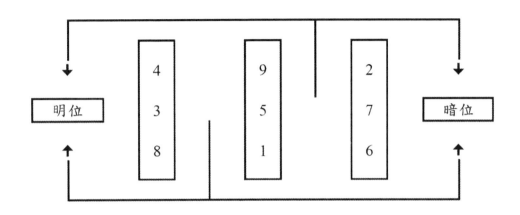

◎【財宮相併數】落在「明位 8、3、4、9」的人，表示此人賺錢能力、企圖心與積極度比較會表現出來。如果落在「暗位 2、7、6、1」的人，可看出他賺錢的心態相對隱藏，不太會在外表呈現出來。

◎【庫宮相併數】最好是落在「暗位 2、7、6、1」的人，錢財留得住。因為別人無法計算出庫在暗位之人實際擁有的錢財數，所以比較不會來借錢，也因此可以守的住財。而在「明位 8、3、4、9」的人，有多少金錢很容易讓別人知道，因為，此人多半注重物質上的生活，所以，別人比較看得出

來，也相對會守不住錢財。「居中的 5」是各一半，比較均衡。

◎有【木】在【疾厄宮】的人：屬往上攀附之人，不太與下層往來或合作。

◎有【火】在【疾厄宮】的人：喜做光鮮亮麗或外表美麗、華麗的行業，承襲性很強。

◎有【土】在【疾厄宮】的人：不輕易變動工作，保守，如：定存、保險、買小額零股等，不太會去做投機性質大的投資。

◎有【金】在【疾厄宮】的人：做何行業都可與他人合夥，講求面子，只做有門面或附加價值性高的行業。

◎有【水】在【疾厄宮】的人：各行各業都適合投資，易得到金錢，遇困難危機時，馬上會有人來幫助。

人際關係篇

【+1／財星】

不可以化氣。

1. 適用在「人格」對「人格」，「總格」對「總格」時最
   強，如：24是23的財星，所以23的人可以向24的人借
   到錢。

2. 母數不同時，如：37、47，但子數的「7」均相同，也是
   可以的，只是功能性比較弱。

3. 如果數字是11和12，這種一陰一陽同質性的二個人，可
   以共同創業，老少咸宜，大小通吃（3和4，5和6，7和
   8，9和0）等，只要同質皆可合作，財比較守得住。

4. 例如：29的人嫁給30的人，29花錢而30賺錢，所以30
   為29的財星。

【+2／官星】

關心。數化或化氣皆可，最適合用在「總格」對「總格」。

1. 數化：37 是 35 的官星或關心，37 喜歡 35 也會照顧 35 的人，而且會去提拔他，也比較會爲 35 的人勞心（數化力量最強）。

2. 化氣：41="4+1=5"、34="3+4=7"；34 是 41 的官星或關心（氣化力量較弱），選老闆時要選擇對自己「+2」的人，上司比較會照顧及關心。

【+3／如獲至寶型】

選老闆時也可以選擇「+3」的人，爲對方努力付出會被看見，而且會非常照顧下屬。（適用在「人格」對「人格」，「總格」對「總格」）。

1. 數化：30 的人爲 33 的人全力以赴，而 33 的人會放棄一

切來照顧 30 的人（數化力量強）。

2.化氣：31＝"3+1=4"的人爲 43＝"4+3=7"的人全力以
赴，而 43 的人看到後會全力的回饋報答（以「總格」對
「總格」時力量最強）。

3.找配偶時也可參看，一切付出皆有所回饋。

【+4／手捧明珠型】

以「人格」對「人格」，「總格」對「總格」時。

1.數化：34 的人會爲 30 的人雙手奉上，而 30 的人不見得
會給予回報，34 的人也會無可奈何的忍受與犧牲，且沒
有怨言（以「總格」對「總格」時最強）。

2.化氣：也可以，但是力量比較弱。

【坐入來電】

男女同論（貴人位）

1. 直接坐入：女【疾厄宮】20 直接坐入男的【奴僕宮】20
   時，女會爲男付出，而男會一直向女要求，
   來電的力量很強。前提是男不一定會欣賞
   女，但是女卻會很樂意的付出，不會有疲憊
   感，在這裡女也算是男性的貴人。

2. 化氣坐入：男【疾厄宮】17="1+7=8" 化氣坐入女【奴
   僕宮】35="3+5=8" 時，男會爲女付出，但
   是力量比較小，因爲氣會轉變成爲思想，所
   以，外在的行動力量也就變小了，但是也可
   算是女性的貴人。

3. 【疾厄宮】數24直接坐入【命宮】數24時，【疾厄宮】
   數24之人爲【命宮】數24之人，一生的貴人。

婚姻篇

◎共分爲五種：【淡象】、【破象】、【順象】、【陰陽雙】、【平雙】。算法是用「人格數」的「化氣」數與「地格數」的「化氣」數，算出來後再轉換成五行即可。

【淡象】

皆由下往上生（【奴僕宮】向【疾厄宮】生），【淡象】的人對婚姻態度，較注重精神上的生活，重感覺，比較自戀，喜歡有點黏又不會太黏的感覺，對另一半比較沒什麼特別的要求，只要貼心就好。在戀愛時屬於被動、被愛型，婚後也是如此，不太喜歡太濃烈的感情，喜歡細水長流、順其自然的感覺，愈是濃密則愈不長久，過多的愛會讓他們覺得是一種束縛，對他們的愛要適度最好，婚後也是聚少離多爲宜。如果婚後婚姻出現危機的話，問題多半出在自己身上，未婚者最好在32歲以前結婚，否則會很難再去接受婚姻了。

【破象】

不論是由上剋下或是由下剋上，都稱之為【破象】。但凡在戀愛或是婚後，碰到婚姻對象時，婚姻不是不好，而是比較容易會有狀況出現，可能不是只結一次婚就好。

◎金剋木：年齡差距大，大多是法定形式居多，對方家庭一定會有先反對的現象。

◎木剋土：外鄉緣，相親或從朋友變戀人而結婚。

◎土剋水：大多晚婚或奉子成婚居多。

◎水剋火：時候到了該結婚就結婚，屬於婚後才開始談戀愛之人。

◎火剋金：面對婚姻態度常是猶豫不決，屬於反覆不定型，最好是閃電結婚。

【順象】

由上往下生（由【疾厄宮】向【奴僕宮】生），此人大多對婚姻充滿標準的感覺。女命：覺得婚後就是要扮演賢妻良母、相夫教子的角色。男命：就是要扮演努力賺錢養家，為家

庭付出的傳統男性。他們不管也不在乎對方給他什麼，只有在想結婚的狀況下，才會開始找尋婚姻對象，當婚姻對象找到了，通常是說結婚就結婚（從戀愛至結婚大多不超過一年），如果有婚姻危機發生時，問題多半在於配偶。

【陰陽雙】

有「木、木」，「火、火」，「土、土」，「金、金」（沒有「水、水」，因為沒有「0」的關係），95%的人會有二次婚姻。尤其是在【奴僕宮】發動時，最容易會有離婚的現象。但其配偶是【淡象】、【平雙】或是金剋木的人，比較不會離婚，否則此人是說離就離的人。如果夫妻宮有坐入的話，那就是一個願打，而另一個願挨，要離婚就非常難了。【陰陽雙】的女性，婚姻失敗的機率大於男性。因為此人的感覺常在一念之間，面對愛情與婚姻的態度是沒有一定的方向，只要感覺對了就結婚，並不是一定要以數字或文字來劃定界限，只要是感覺沒了，就無法再繼續下去了，同居者多。

◎雙生型或雙剋型的人也比較容易會有兩次婚姻的現象，如：

1.人格生天格或地格

2.天格或地格生人格

3.人格剋天格或地格

4.天格或地格剋人格

【平雙】

也就是陰陽相同的人，他們與【淡象】的人對感情的看法很相似，此人對感情是有也好、沒有也罷的心態，所以要與此人交往時，一定要多用心才行，他們希望能找到一個相知相惜的伴侶，他們覺得不一定要結婚，如果要找對象或是要結婚，那就一定要找到最愛、真愛（但最愛、真愛難尋啊！），一旦讓他們找到時，會用心去經營這段得來不易的感情，但比較偏向談精神戀愛，是個非常重視精神生活的人，經常覺得喜歡的對象大部分都已經結婚，所以此人多半是晚婚或不婚者居多，儘量能在32歲以前結婚最好，否則，想要結婚就有點難了，婚後夫妻相處以聚少離多為佳。

Notes

姓名數總論

◎不是肯定，但大多數如此，格局好不在此限。

【首領強旺】之數

3、16、21、23、29、31、33、39 等數，有智、仁、勇的能力，可居領導地位，可為主管或老闆。

「3」：很有活力，但暗藏不穩定性，喜歡靠依附成長，所以相對沒有領導性。

「16」：耐力不足，男性家境不好，容易入贅，女性喜歡往外發展，表面溫和，實則柔中帶剛。

「23」：女性事業強，則容易失婚，男性可承接祖業或攀附配偶娘家而顯貴發達。「地格」23 的男性容易走旁門左道，如果本身好色，而且子女人數眾多時，配偶早亡的機率偏高。

「33」：動力強，男性在人格時財運好，在總格時官運好。

「39」：聰明，軟功好，只要知道哪裡有錢就往哪裡鑽，肯吃苦，耐性十足，好勝心及企圖心重，愛表現，工作能力強，偏財運佳，有聰明才智，隨時把握機會、伺機而動，可以在亂中取勝，中年易神經質。男性強悍易離開家族或父母，獨立開創事業。有富貴命，可從官、從商，須攀附型。女性過中年容易不滿現狀，常會找家人麻煩。女性會與配偶平起平坐，難享夫福，聚少離多最好。易為情所困，不是很早婚，就是很晚婚，不然就是不婚了，工作能力很強。

【長得美貌】之數

4、14、12、22 等數，都屬美貌型，但言行性格多為善變，與家人較緣薄或是容易心悶，不然就是身體弱。

「4」：有親和力，喜歡付出，所以有好運時可絕處逢生，小心口舌是非，男性斯文，比較會主動追求一切事物，女性倔強、愛慕虛榮，貌美者小心情色糾紛，家緣

薄，體弱煩悶。

「12」：本身比較沒有執行能力，會利用計劃去統馭旁人，具書卷氣，承襲格，女性外在看似柔弱、面容姣好，實則內在個性剛強、倔強。與家人緣分淡薄，體質偏弱，容易罹患與胃部有關的疾病，有佛緣格。

「14」：有說服力，分析他人比一般人強，但是分析自己就不一定。有美化、設計的才能，男性文學造詣好，人際關係佳，女性完美性強，老後容易嘮叨，行運不佳時，小心意外，家緣薄，身體弱時，心情常感覺煩悶。「14」之數桃花重，不論男女都要小心色情。

「22」：付出型，有長上緣，可得助力，能力或運氣好的時候，會比較目中無人，小心情色糾紛。家緣薄，佛緣佳，易憂心，經常感覺煩悶，女性「人格」22能力大過配偶，「地格」22本身命格就比配偶強，所以當配偶強旺時，自己則會更加強旺。男性「人格」22外表斯文，容易有財可得。女性一生貴人多。不論男女「地格」22子女都很會讀書。

【有藝術才能】之數

13、14、16、26、29、33 等數，都富才藝天分，對於美都有獨特見解，在美術、音樂、藝術、設計上都有過人之能力。

「13」：個性被動、不積極，但是長輩有要求時，還是可以使喚得動。時機和運氣差，容易財進財出。個性開放，對異性具親和力，學習力強，但是容易個性浮躁、三分鐘熱度，所以不適合承襲家業或祖業。本身有勞碌奔馳的命格，所以能掌握先機者比較有所成，男性大部分會受到長上的賞識。如果女性的配偶發展不好時，會更加突顯出自己的辛苦。

「26」：有開創性、異鄉運佳，有潛伏的叛逆性，吃軟不吃硬，有義氣（但理性比較不夠），「人格」26 會意氣用事，不太適合創業，如果家中富裕或過得太安逸則會一事無成。女性重義氣屬俠義型的人，有行動力與實力，年輕時較為叛逆，例如家中贊成之事不遵從，而反對之事偏要做，尤其是在婚姻的事情上。

「29」：聰明反應快，變化性強，個性不太愛表現，喜歡坐收
　　　 漁翁之利， 很會察顏觀色，逢剋時比較能屈能伸，
　　　 在「人格」時，不論男女都想得多卻做得少，愛說大
　　　 話，而女人更重視錢財，所以比較辛苦。在「地格」
　　　 時，不論男女都容易被配偶拖累。在「總格」時攀附
　　　 性強，人際關係好。

【財源豐厚】之數

24、29、32、33 等數，均可以獲得財產或巨財，一生財運佳。

「24」：財源廣進，大多是報酬率高的偏財或祖上留下來的財
　　　 產。

「29」：是摑取之財，摑取之財是違反法律與道德行為所取得
　　　 的錢財，大多是用不正當的手段得來的財富。

「32」：財帛豐富，一生當中從來不太會去為錢苦惱。

「33」：一生偏財運強，常會得到意外之財，用錢不愁。

「24」：十分愛漂亮，喜愛美麗的東西，愛講理由，桃花星，
適合買空賣空或是做漂亮與美化的行業為佳，女性一
般容易嘮叨，需要注意多打點、妝扮自己，提升氣質
及談吐，愈可襯托出配偶的能力及價值。愛撒嬌者，
才有機會得到巨財，偏財運佳，愈胖愈有福氣，福德
取亮就愈有福氣，同時也就越有同情心。男性樂天有
說服力，事情做了再說，總會有人主動幫忙，在走投
無路時，還是會有一線生機。男性成格講話幽默，不
成格時常說錯話。

「32」：表裡不一，人到中年後易愈來愈懶散，「總格」32
「亥時」生之人 10 個有 9 個懶，內斂，凡事較不易表
現出來。男性以智慧發展，被動，好高鶩遠，當老闆
難成功，易靠攀附而有成就，35 歲之後體力漸衰退。
女性辛苦，勞心多過勞力，喜做喜付出，很會幫助配
偶，不然就是很會照顧配偶的身體健康。

【性情剛烈】之數

7、8、17、18 的尾數「金」之人，外觀雖然很剛強，但內心卻很柔弱，有時神經質，易患心、肺、呼吸道之疾病，更要小心手腳之傷害。

「7」：主觀、孤傲、固執，男性保守，女性重感情。

「8」：迷糊，有事業心，逢「木」顯貴。

「17」：個性剛硬，孤性，固執，痛苦不喜告訴別人，喜自己解決，隱藏感情的付出，未必得到回報，命格特質裡有剋型才好，屬開創型，開創一切靠自己。女性易生活勞碌或易失婚，與個性有關係，「地格」17 女命夫妻緣分比較淡薄，最好是聚少離多爲宜。

「18」：男性多愛擺派頭、愛現、霸氣，尤其是有「金剋木」之人，處處愛表現有錢，出生在官貴之家最好，得位，反之就是臭屁，領導慾強，有開發力，對事業追求慾望很強，有合群力，人際好。在「人格」或「地格」時就事論事，男性「總格」易少年早發，但不持

久，中年易喪志。女性能幹較勞碌，有隱藏性的霸氣，事事愛插手，愛打抱不平，不靠配偶甚至氣勢壓過配偶，若事業強則婚姻要注意了。

【性情溫合】之數

5、6、11、15、16、24、31、32、35 的數，個性平順、溫和，與長上、晚輩都相處得宜，會使用潛移默化的軟性控制手段，目的是為了達成想要的結果。

「31」：天生人氣旺，就算不帥不美，人緣桃花都非常好。

「5」：收藏、守成、保守、不易變化，女性易受配偶控制。

「11」：懶散摸魚型，不爭權、不貪位，男性與長輩關係好。女性權慾重、喜攀附，屬謀略或承襲型，凡事靠嘴說多做少，與長上比較沒大沒小或平起平坐。

「15」：沒動力，凡事被動，思多行少，金錢只入不出，會拿不會做，機運不佳、工作經常不穩定。男性異性緣

好，可娶年齡大的老婆，外表斯文，易得祖產或妻財，天生愛念書，凡事皆有人支持。女性不輕易與人交往，保守、話不多，成就越大，婚姻越容易斷緣，走金融業最好。

【生離死別】之數

28、29、34 婚後與配偶最好是聚少離多為宜，否則易出現離婚、分居、死別等現象。

「29」：企圖心強，偏財旺，靠攀附成功。

【女有婦德】之數

6、16、26、5、15、25、32、35 等數，因尾數有五行土之德，對人寬厚照顧，為人較為忠厚。

「32」：天生貴人運旺。

「35、36」：容易成為職業婦女。

「6」：耐力好，群居性很強，離不開朋友，所以與其合作重義氣，做人不會孤僻，但是在工作上喜歡獨立作業，有雙重性格。

「25」：有包容力，在「人格」或「總格」時，個性中庸、被動，開發力弱，不容易成功，很會理財，喜歡穩定或保守的投資，有錢買房產怕人知道。沒錢時高調，有錢時反而低調。男性需要在同一間公司長期任職，才能得到機會。女性在結婚後，容易受到配偶的控制。女性在「人格」時愛撒嬌，多是會計、財經人才。

「35」：有長上緣，有動力，好勝心重，有剛毅之氣，在「總格」會攀附，顯富。男性事業型，業務能力好、能守亦能攻，擇善固執，適合經商。女性在「人格」較為固執，多為職業婦女，適合做同樣或重覆性的工作，有開創力、可向事業發展，嫁公務員最好。

【喜愛撒嬌】之數

女性「人格」有 15、19、24、25 者，或「總格」有 32、42 者，皆有愛撒嬌的個性，也比較得寵，但要表現得宜，否則易招爛桃花。

「32」：桃花重。

「19」：喜歡隱藏自己，會隨時找機會，如水滲透般，無孔不入，會迎合長上，容易走旁門左道。「人格」或「地格」19 之人，人際關係或行業上會比較特殊，偶而冷酷或自以為是。男性「地格」19 時，較為踏實，也容易交到五鬼業的朋友或者配偶有愛賭的現象。女性「人格」19 同時「地格」21 時，容易為配偶、家人背負債務，婚姻不順遂，或配偶運程不好時，自己的壽元就有可能受到影響。婚姻宮「木剋土」、【雙平】、【淡象】或【陰陽雙】等，易離婚或不易結婚、難有配偶。女性「地格」19 聰明、抗壓性高，如果夫妻宮組合不佳，配偶容易好逸惡勞，當心步入風塵。運程不好時，小心車禍、意外或血光之災。女性「人格」19 愛撒嬌、有佛緣。

【有佛緣格】之數

13、19、34 爲「正佛緣格」，常跑精舍，會想在那個環境當中，找到立足點與成就感。12、14、20、22 爲「偏佛緣格」，喜歡吃早齋或初一、十五時吃齋，但是不一定喜歡參與精舍的活動。【有佛緣格】之人宜多近宗教、多修行，少吃牛、羊、狗肉，福報自然無窮。

【女易失婚】之數

女性「人格」21、23、33 等有首領運，氣勢壓過配偶，有離婚之兆，中年以後容易爲配偶背債。此數比較適合男人來用，不太適合女人用。具有首領運的女性，若子嗣多者，夫妻之一方易早亡。

「21」：最有權力的（木生火──尖銳，金剋木──臭屁，木剋土──隱藏），男性經常爲別人打天下，個性好出風頭而容易招致嫉妒，花錢沒有節制，有長上緣。女性「人格」或「總格」21 有實力、幫夫命，但 30 歲後有可能爲配偶或家人背負債務，「地格」21 之女命

找配偶要找踏實，或工作有技術性之人，否則配偶容易不務正業，而自己會變的很辛苦。本身很有晚輩緣以及出外易得長輩相助，可向這方面發展。若子女人數眾多時，配偶早亡的機率高。

「33」：男可從官或商，須靠攀附。外溫內躁，舉止溫文。從事公家機構好，從商須靠貴人提拔。女性容易與配偶平起平坐，難享夫福，也容易與配偶聚少離多。親人間的緣分薄弱，若與家人同住，會常和家人產生口角，或父母、配偶容易早亡。為人二房好，可減少爭執。已婚者正緣薄，一旦衝突起來，多半很激烈。女性婚後最好以配偶為主，方可一生幸福。不論男女的親緣都很薄弱，最好是聚少離多為好，否則會常與親人發生口角。

【血光之災】之數

「34」：雖屬財帛豐厚，外交手腕強，但因格局火多時，破滅意象濃厚，難免家庭失和、招致離婚。亦常要小心血光之災或車關，應避免開快車。女性生產時，大多為

開刀。女性虛榮心強、很會挑剔、說話直接、尖銳，易傷人，很難接受配偶長的不夠帥，嫁有錢而且年紀大的配偶才會好命。運不好時，小心意外或有血光之災，雖然優秀又有外交能力，但小心家庭不和易破滅。男性34有長輩緣好，極端的大好大壞，可以維持好機運的時候並不長久，個性上完美性強、不知足，非常愛面子。男性需攀附或承襲祖產而成功。

【易遭劫難】之數

27、28 的尾數「金」，因性情剛硬，小心受誹謗、禍害或刑罪等事纏身。「人格」或「總格」27、28，如果行為不當，再加流年不好時，小心入獄機率高。

「27」：重感情，但故意表現出不在乎，親緣薄，最好不要和親人住在一起。個性獨立不相信命運、鐵齒，「火剋金」動作拖泥帶水、不乾脆，「金剋木」無情。女性八成會與配偶斷緣，已婚者也會去倒追男人，所以離婚率高。不然就是相反，個性太過保守或是對擇偶的要求太高，所以不容易嫁掉，若事業強旺時也無視婚

姻。面對愛情不是濃烈就是淡然，此生沒有婚姻也無所謂。女命「地格」27 緣薄，聚少離多好，嫁獨生子最好，因個性強、慾望多且夫妻緣分淡薄，兒子少，女兒多。

「28」：有隱藏性的霸氣，內在任性，較叛逆，有破壞性，而外在樂天好相處，常會在關鍵時唱反調，繼承祖業最好。如果女性原生家庭環境好，則個性容易迷糊、隨和且守成，有貴氣。常受貴人提拔，婚後喜歡往娘家跑或是有吃軟飯的配偶。女性「人格」28 並且「地格」21 多數的婚姻都會面臨極大的考驗。男性看似忠厚老實（外表會騙人），對別人比對家人好，人際關係好，有事業心，35 歲前若能闖出一片天，則老運佳。

【好色】之數

17、23、26、27、33、43、52 數之男女多喜性事，婦女小心發生男女感情上的糾紛，不然就是在情感上易與旁人產生誤會。

「23、33」：多爲情所困。

「26」：桃花煞，男性 26 的人容易劈腿。

「43」：只要有耕耘就一定會有收穫，喜好權勢，比較不知
　　　足，爲人做事卻得不到好處，容易替別人打拼或作
　　　嫁，尤其是男性。女性有幫夫運，工作慾望強烈，比
　　　配偶會賺錢或能力大過於配偶，勞碌命，熱愛工作與
　　　享受在工作上得到的成就感。

「52」：被動享成、霸氣、傲氣，喜攀附權貴，易水漲船高。

【破壞力】之數

男人有 20、36、40 數者，易有品行不良之傾向，所以要遠離小
人與不良的場所，若有不正當的念頭都不可取。

「20」：理性軍師，提問時才會説、才會想辦法，天生孝順母
　　　親、節儉。女性辛苦個性好強，會自我保護，婚後非
　　　常寵溺配偶。男性斯文、懶散，會逃避責任，比較不

敢面對現實，攀附性高。

「36」：有長上緣，可得長上資助，攀附型可往外地發展，具
　　　　有勞碌象，有活力，天生不喜被約束，唯我獨尊，暗
　　　　藏孤性，獨立卻不穩定，在外面有表現慾望，喜歡拍
　　　　胸脯保證，以男性最為明顯。「水剋火」之人不會實
　　　　現承諾。「金剋木」與「火剋金」之人會實現承諾。
　　　　而「木剋土」之人根本不會拍胸脯保證。「土剋水」
　　　　之人會推說「再想想看」。女性義氣大俠型，男性容
　　　　易品味不良。

「40」：有承襲力、福旺之相，開創性弱但機運佳，有智慧，
　　　　有長輩緣，攀附的人旺，則自己也會旺，繼承祖業有
　　　　成。有機會成為具有權利之人的助手，適合走公家機
　　　　關、大型企業或靠頭腦、智慧類型的工作，成格可以
　　　　靠提拔升官，不成格則從事幕僚工作，男性容易品味
　　　　不良。

【男性適合的總數】

24、25、31、33、35、39、40、42、48 等，貴人運強，做人做事積極度高，凡事很有行動力。

「42」：有付出必有所得，很會攀龍附鳳，有創作、思想、領導性。男性具親和力，喜歡欣賞所有漂亮的人、事、物。女性有貴氣，大部份的人都偏向好命，要求享受，最好因夫而貴，嫁權貴家好，嫁商人反而辛苦，多才多能，但常信心與耐力不足。

「48」：權力慾望重，柔中帶權、有城府，愛管錢，有貴氣、智慧。男性與長輩或環境之間，相互契合時，愈爭就愈容易得到，若在安逸之中，則顯得平凡。女性不喜歡勞碌，愛動頭腦來賺錢，但不見得愛做。因夫而貴，但易吵吵合合的。子女的「總格」為48之人，可以認有錢的長輩為義父母，增其貴氣，對日後人生發展有益。

【總命格 30 數】之人

正財、偏財都很旺，事業企圖心強盛、有智慧、會搶先機，適合在競爭中成長（外表會騙人，所以算命不易算準），柔中帶剛，有隱藏性三分鐘熱度，凡事慢半拍，有時言語常帶刺。女性追求錢財慾望重。

【總命格 38 數】之人

不論男女均有極佳的長上緣，會自己找貴人，非常懂得交際應酬，扮豬吃老虎。女人旺夫格，會遇到適合的配偶，事業心重，有桃花，很會動腦，能成為具有權利之人的副手，在政界比較難出頭，從商最為合適。

Notes

國家圖書館出版品預行編目資料

九宮姓名學密碼／湘茹著.
－初版.－臺北市：唐老師命理工作室，2024.08
　面；　公分
ISBN 978-626-98592-0-7（平裝）
1.CST：姓名學

293.3　　　　　　　　　　　　113005679

九宮姓名學密碼

作　　　者　湘茹
出版發行　唐老師命理工作室
設計編印　白象文化事業有限公司
經銷代理　白象文化事業有限公司
　　　　　412台中市大里區科技路1號8樓之2（台中軟體園區）
　　　　　出版專線：（04）2496-5995　　傳真：（04）2496-9901
　　　　　401台中市東區和平街228巷44號（經銷部）
　　　　　購書專線：（04）2220-8589　　傳真：（04）2220-8505
印　　　刷　基盛印刷工場
初版一刷　2024 年 08 月
定　　　價　480 元

白象文化　印書小舖　出版・經銷・宣傳・設計
www.ElephantWhite.com.tw　自費出版的領導者　購書 白象文化生活館